有些書套著嚴肅的學術外衣，但內容平易近人，非常好讀；有些書討論近乎冷僻的主題，其實意蘊深遠，充滿閱讀的樂趣；還有些書大家時時掛在嘴邊，但我們卻從未看過……

如果沒有人推薦、提醒、出版，這些散發著智慧光芒的傑作，就會在我們的生命中錯失——因此我們有了**貓頭鷹書房**，作為這些書安身立命的家，也作為我們智性活動的主題樂園。

貓頭鷹書房——智者在此垂釣

貓頭鷹書房 425

西敏寺的故事

Westminster Abbey

簡金斯（Richard Jenkyns）◎著

何修瑜◎譯

貓頭鷹

■推薦序

超越教堂的教堂——西敏寺

傅朝卿

西元三一二年十月二十八日，年輕的君士坦丁大帝和對手馬克先提留斯在羅馬城外的慕爾維橋上交戰，君士坦丁大帝獲勝。羅馬時期這種帝王間的交戰原非什麼大不了之事，但是出人意料之外的是君士坦丁將他的勝利歸諸於他的信仰，宣布自己歸奉基督教。整個羅馬世界大為震撼，被壓沉已久的宗教，突然間被喚醒了，尤其是羅馬城更被視為再生之地。慕爾維橋之役不僅推動了新的政治及社會秩序，亦展開了新的建築革命，基督教堂從此成為西方建築史上最重要的建築類型之一。從第四世紀以來，全世界興建了難以計數的基督教堂，其中有很多教堂早已成為舉世皆知的建築名作。在西方世界中，有一座教堂在建築上不是最偉大的，在宗教上也不是最重要的，但卻是人類發展史上不能缺席的一座，它就是英國倫敦的西敏寺，一座超越教堂的教堂。

《西敏寺的故事》一書描述的就是這座奇妙的教堂與它的點點滴滴。書中前半花了不少篇幅解釋西敏寺建築的演變及偏向法國風格的原因。哥德建築是西方建築史上非常重要的一個類型，也是一種風格。自巴黎聖丹尼修道院院長蘇傑開始這個建築革命之後，哥德建築幾乎快成為中西歐大教堂的代名詞。雖然擁有一些共同的特徵，但不同國家的哥德建築其實是有著基本的差異，也跟發展的年代有關。本書鉅細靡遺的描述了西敏寺從創建一直到十九世紀的風格變化。雖然主角是西敏寺，但卻讓讀者可以清楚看到哥德建築在歐洲，特別是法國與英國的發展。許多對於建築風格敏感的人，可能會對西敏寺與英國其他同時期的教堂，在建築表現上的差異感到困惑。就這點，本書提供了合理的答案。當然這也跟英國的歷史發展有著絕對的關係。當西元一〇六六年年底，來自法國的征服者威廉打敗剛即位的哈洛德二世，於西敏寺舉行加冕時，西敏寺已經注定要超越英國，成為一座國際上的大教堂了。不過現有的西敏寺已非最原始的形貌，大部分是在亨利三世一聲令下興建於西元一二二〇年與一二七二年之間，歷經了三位重要的工匠，分別是雷內斯的亨利，格洛斯特的約翰及比佛利的羅伯特。

不只在風格表現上超越英國，西敏寺也在機能上超越了單純的教堂，這部分也是此書重要的內容之一。西方的教堂基本上是為了滿足洗禮與彌撒兩種重要的基督教儀禮。然而西敏寺卻在不同的年代，扮演著不同的角色，包括王室陵寢、名人墓園、藝術館、國家慶典及加冕場地、無名英雄墓與都市地標。作為王室陵寢，西敏寺雖然不是所有王室成員的安眠之所，卻也可以稱得上是英國歷史的縮影。作為名人墓園，西敏寺是英國歷史上不少偉人或名人長眠或紀念之處，邱吉爾、牛頓、達爾文、莎士比亞、狄更斯之名都可以在教堂中找到，甚至還有不少其他國家的名人，韓德爾就是其中一個例子。作為一個藝術館，西敏寺提供了各時期著名工匠及藝術家一展身手的空間，也替西方藝術史留下許多佳作。作為國家慶典及加冕場地，西敏寺扮演著歷史銘記的角色，見證了許多英國關鍵性的時刻，二〇一一年威廉王子的婚禮場地也在西敏寺。作為無名英雄墓，西敏寺顯現其安魂的力量。作為都市地標，西敏寺見證了倫敦城市風貌的變遷，周遭樓高樓傾，西敏寺仍然屹立不搖。更令人敬佩的是，西敏寺還是每年不同教派舉行聯邦禮拜儀式之所，真是一座超越教宗的教堂。

從另一個角度來看，西敏寺當然是一個觀光吸引點，而且早在中世紀就有人專程前來西敏寺一遊了。現在，西敏寺更是訪客到倫敦必遊之地。到西敏寺的人一定很想了解建築的發展，探索眾多長眠於此的王室與名人的故事，欣賞雕刻及其他藝術品的表現與價值，回味在西敏寺歷史上所發生的點點滴滴。這一切訪客所想知曉的事，在《西敏寺的故事》一書中都有清楚易懂的答案。此書可以說是了解西敏寺前世今生最好的書籍之一，值得一讀。

傅朝卿 國立成功大學建築系特聘教授

西敏寺的故事　目次

前言

就其歷史、功能和所承載的記憶而言，西敏寺是一座世界上功能最複雜的教堂——其複雜程度或許是所有建築類型之冠。它曾經是修道院和主教座堂，現在則是牧師團教堂，也是皇室專屬教堂。它是皇室舉行加冕典禮的教堂，是皇族陵寢，是安置偉大人物墓地的英靈殿，是「國家級主教座堂」，也是無名戰士塚的所在地。然而在法國，以上功能分屬於五個獨立的紀念堂。西敏寺是英國國教的神聖殿堂之一，卻存放著羅馬曆時代一位聖人的聖壇，而且英國長老教會的教義原則就是在這裡設計出來的。西元十四世紀，下議院的開會地點曾經在西敏寺的教士會議廳，後來移至食堂，而庫務（單位）原本設在教士會議廳的地窖裡。這棟建築等於是美國國會大廈和美國陸軍軍事基地諾克斯堡的合體。西敏寺曾目睹許多奇聞軼事：詩人布萊克曾在此看見天使的幻象，而日記作家派皮斯用這裡來當作豔遇地點。它是世界上第一個墓園，各階級、職業或才能的知名人物都有人埋葬於此，此地埋葬的偉人無論數量或橫跨的年代，皆勝過其他各地的墓園。它曾經被稱為擁有全英國，甚至是全歐洲最精緻的雕像廊。當然，這是因為它存放至今八個世紀以來的雕像，而且至少包含四個時期——十三世紀、十四世紀、十六世紀早期和十八世紀；西敏寺的雕像在世界上的排名數一數二。

但是，就其他方面來說，這座教堂並不是那麼的無與倫比。它是一座很大的教堂，但並不像它視為榜樣的法國各主教座堂那麼高大莊嚴。它雖然很美麗，但最好的法國主教座堂在建築品質上卻也凌駕於它。只有亨利七世禮拜堂一直都被認為是舉世無雙的傑作。在西敏寺建造完成後不到半世紀，古物研究學者樂藍德就已稱它是 *miraculum orbis*，也就是世界奇觀的意思，此後這評價就不斷地得到其他人的回響。西敏寺裡的雕像沒有一座像米開朗基羅的大衛像，或米羅的維納斯像那樣家喻戶曉（不過這一類雕像的確為數不多）。西敏寺的部分功能也由其他建築共同承擔，在過去兩百年間，英國的國王與王后都被葬在倫敦西郊的溫莎堡，而偉大的軍人和畫家，則大多被葬在聖保羅大教堂。在某些國家慶典或感恩節，聖保羅比西敏寺更受青睞，因為聖保羅大教堂更為寬敞。

然而，西敏寺有一項與眾不同的特性。之前米其林指南在介紹倫敦時，曾形容它為「永恆英國」的具體實現，它也確實展現了出色的延續性，而這延續性是一種具有變化與演進的空間。西敏寺一直被稱做是英國或不列顛民族的聖壇，然而它之所以是國家級教堂，其意義在於它代表的社群價值觀和集體記憶，鮮少或從未展現出一般以祖國為傲的愛國主義。更確切地說，它在某些方面尤其具有國際性。其中最有名的，莫過於它是所有英國中世紀教堂中最富法國建築風格的教堂，且其收藏中許多最好的雕刻作品都是出自外國人之手。葬在此地的人不乏來自外地的移民以及流亡人士。在過去的數世紀以來，它備受讚揚的牧師團持續穩定擴張，遍及全英國，甚至遍及整個英語世界，乃至於所有基督徒，甚至還影響信奉其他宗教的人民。

就兩種層面而言，西敏寺是一項「總體藝術」，也就是多項藝術的綜合體。就視覺藝術來說，它完整囊括了繪畫與雕刻的偉大作品，其中有些與原始的建築概念密不可分。然而它也是視覺藝術和其他類型藝術的混合體。以獨特的程度來說，西敏寺是用文字所構成的。在本書中，我將用「閱讀」一詞為隱喻，進行建築賞析，不過我們也可以實際上「閱讀」這座教堂，因它內部擺滿的紀念碑上，處處可見文字。荷馬史詩英譯者波普、辭典編纂者約翰生、建築師史考特和桂冠詩人丁尼生等，都是特別為西敏寺撰寫墓誌銘的其中幾位名人。大多數碑文都是英文或拉丁文，但其中也不乏法文、希臘文、古埃及文和希伯來文。此外，銘刻其上的還包括零散的樂譜，甚至是數學方程式。就某部分來說，解讀西敏寺就等於進行一場文學評論；事實上，它甚至能自我詮釋，正如銘刻於南翼殿詩人之隅的艾略特紀念碑文上那首摘自《四個四重奏》中的〈小吉丁〉所說：

……死者的溝通超越生者的語言，是以火訴說的。

西敏寺不但是一棟建築物，它的存在同時也是一個概念，是種種記憶、傳統和聯想組成的一團迷霧。這座教堂之所以意義重大，有一部分來自於描述它的建築、氛圍與活動的人士，包括劇作家莎士比亞、波蒙特與佛萊徹，以及日記作家派皮斯、散文家艾迪森、愛爾蘭裔作家古德史密斯、哥德小說家華爾波、浪漫派詩人渥茲華斯、文化評論家阿諾德、小說家狄更斯、美術工藝運動領導者莫理斯、作家詹姆士以及桂冠詩人貝傑曼等等。他們之中有些葬於西敏寺，多數在此受人追思。在曾經描述這棟建築物與其氛圍的寫作者中，歐文和霍桑這兩位十九世紀美國作家特別引起我的注意。歐文的獨特之處在於，他以對倫敦完全陌生的讀者群作為對象，展現出寫作的野心；而霍桑則對這座教堂深深著迷，有時甚至為寫作心緒不寧，並屢次造訪，以考察、修訂他的看法。

西敏寺同時也是座音樂的殿堂，是裝滿聲音的容器。文藝復興時期作曲家吉本斯和巴洛克作曲家普賽爾，兩位都曾擔任教堂的風琴手。許多音樂是特地為了這座教堂的特殊場合而創作出來，其中至少有兩首作品毫無疑問是絕世之作。這些作品包括普賽爾為女王瑪麗二世所寫的安魂曲；韓德爾為卡洛琳王后所寫的加冕頌與安魂曲；培利爵士所寫的「我曾歡喜」；華頓的「王者之風」，還有其他多不勝數的曲子。在這裡幾乎每天都可以聽到禮拜的音樂，與世界上其他最知名的古蹟不同的是，它是個仍在使用中的教堂，不管如何轉型，它還在執行它應有的功能，一如當初興建時的初衷。如果僅僅把西敏寺當成是個美麗的空殼，沒有考慮到這其中的故事，將無法完整理解這座教堂。尤其西敏寺的空間組織是活的，因為它一直持續在改進、調適。在過去十五年裡，教堂內安置了為數眾多的新雕刻作品與彩繪玻璃。

這本書一部分是談論這棟建築物，另一部分是談論它的意義與影響。本書並不意圖敘述一部中世紀隱修道院歷史（或者是西敏寺學校的歷史）。不過我的主題包括建築、雕刻、記憶、傳統、神聖空間、都市空間、儀式、社群、政治與宗教崇拜，因為即使是針對西敏寺進行局部的、選擇性的研究，也會延伸至人類生活經驗中的許多領域，其程度少有其他教堂可比擬。故事開始於十一世紀的國王懺悔者愛德華重建了修道院，並且參照海峽對岸的法國諾曼第教堂風格，建造了一座宏偉的教堂。百年後他被封為聖人，因此西敏寺就成為供奉聖人的聖壇。十三世紀時，亨利三世決定重建教堂，而開始建立今日我們所知的基本面貌。他和之前的懺悔者愛德華一樣，都師法歐陸，因而西敏寺成為法國與英國哥德式教堂的獨特混合體。不過，這故事不僅限於建築，因為亨利還以繪畫、鑲嵌壁畫、金屬製品與雕刻來裝飾他的教堂。此外，這地方的用途與性質已經開始演變。亨利打算讓自己埋葬於此——他大概沒有考慮到他的繼位者。但是後繼的國王都想葬在懺悔者愛德華的聖壇旁，而逐漸將這座教堂轉變為王室陵墓。

亨利三世的教堂於十四、十五世紀大致上依照原始設計逐漸完工。接下來，在十六世紀初期又出現了亨利七世禮拜堂，它是北方哥德式與義大利文藝復興風格的絕佳綜合體。當時的人可能會認為它以初生之犢之姿，被視為傑出與結合世界潮流的新作，但事後看來，它更像是一個句點，因為後來宗教改革將英國藝術與歐陸藝術一刀兩斷。亨利八世將西敏寺與國內其他隱修道院一起廢除，使得這棟建築喪失其主要功能。不久之後它的新用途被開發出來，也就是當作豪華盛大的埋葬地點，富有與功成名就的人以宏偉的紀念碑受人追思。然而慢慢地，一半出於刻意，一半出於意外，之後的觀念卻演變成埋葬於西敏寺是一項國家榮耀——允許被葬於此地的標準應該是此人偉大與否，而非其豐功偉業。

自十六世紀以降，西敏寺也成為一個被人描述、引人深思與冥想的地方，我們應該聆聽它的造訪者、仰慕者、批評者與道德訓誡者的聲音。對世俗萬物抱以悲苦、忽視、陰沉與無常的態度，是描述西敏寺時反覆出現的思想主題，直到維多利亞時代的人讓這裡稍為熱鬧起來，到了二十世紀才將陰霾氣氛一掃而空。接著讓我們把注意力轉移到教堂外面，檢視這棟建築物與其周遭的鄉鎮或城市的關係，我們會發覺都市紋理的改變如何反轉建築物被解讀的方式。在最後一章裡我把重點放在教堂在過去兩百年之中，做為公眾建築物的角色。我們將看見它如何在十九世紀晚期被當成是最適合國家慶典的地方，它是崇拜英國國教的教堂，卻也是屬於公眾的、功能無所不包的教堂。一般人或許以為西敏寺的重要性在二十世紀已逐漸下降，然而相反地，它的重要性與日俱增。世界各地都仿效西敏寺建造無名戰士之墓（如我在稍後所提到的，西敏寺的意義被誤解了）。加冕典禮成為盛大的全國儀式，而且隨著廣播與電視的出現，它也成了國際大事件。二十世紀的加冕典禮是否真的變成「被發明的傳統」的範例，或者我們應該著眼於這項儀式長久以來的延續性？就廣義而言，這種重大儀式是政治場合，但在二十世紀末，我們也多少訝異地發現，由於過去兩任首相各自為了自身利益而利用這座教堂，它因此和政黨政治糾纏不清。我對西敏寺的敘述差不多就到此為止，不過至少有一件事是肯定的，那就是西敏寺本身的歷史尚未蓋棺論定，將來會有人寫出全新的章節。

第一章 中世紀教堂

本篤會的聖彼得修道院，也就是今日的西敏寺，經由懺悔者愛德華王在十一世紀重建之後，首度顯現出重要性。原址曾有一座隱修道院，但起源已不可考。根據某個傳說，這座隱修道院出於一位於西元七世紀初逝世的薩克遜國王瑟伯特之手，後人在中世紀晚期，正式替他在其他確有其人的國王旁邊建造偽墓。另一則更富想像力的傳說，將修道院的起源往回推至西元二世紀，並虛構出一位名為盧西爾斯的英國本土國王，一手創立修道院。

即便建築物原本就已很古老，中世紀的想像力卻往往賦予它們更久遠的年代。例如格拉斯頓伯里修道院創立於大約西元七百年，更早之前就已有基督徒現身於此。然而有故事捏造出使徒腓力曾經造訪修道院所在地薩默塞特，或者亞利馬太的約瑟夫到過此地，或甚至耶穌本人在升天前都曾來過這裡。因此詩人布萊克才會在〈耶路撒冷〉這首短詩裡這麼問道：「先人的足跡，是否曾出現在英格蘭蒼翠的山巒上？」（答案當然是否定的。）至於西敏寺的傳說，則是在瑟伯特奉獻出修道院的前一天，有位旅人出現在河畔。宣稱自己是聖彼得的這個人，將整棟建築擺滿氣味迷人的薰香和蠟燭。也因此我們可以假設，這首位羅馬主教起用了許多聲譽卓著的外地人，來到西敏寺的這些人帶來歐陸各地的建築風格，帶給這座英國聖壇跨城市的光采。

懺悔者愛德華所建的修道院確實具有國際規模。這是蓋在盎格魯薩克遜人的英格蘭土地上，第一座跨越英吉利海峽的諾曼第風格教堂。同時也是全英格蘭野心最大的教堂建築，其規模甚至大於諾曼第本土的任何一座教堂。這座聳立於河岸，離倫敦數公里之遙的教堂，在十一世紀中期必定有如駭人的幢幢魅影一般。此地在古時候原是索恩島（也就是位於中世紀倫敦城往泰晤士河上游的索尼島或布蘭伯島），四面環水，最適合設置王室與宗教自成一格的孤立區域。十一世紀初，統治英格蘭、丹麥、挪威的克努特就已在此建立王宮，愛德華也在此地著手興建屬於他自己的宮殿。我們即將發現，西敏寺與西敏宮以及與整個倫敦城的關係，將會成為這教堂歷史的一部分。不過就當時來說，最重要的是它鄰近倫敦城，但又不在城內。它是位於西邊的修道院，也就是西區教堂。

懺悔者愛德華有生之年得以見到他的教堂在一〇六五年的聖嬰節那一天舉行奉獻禮。他於一周後去世，第二天，也就是一〇六六年一月六日，哈洛德二世成為第一位在西敏寺加冕的國王。那一年年底，英格蘭就此永遠改變。諾曼地公爵征服者威廉打敗英王哈洛德二世，贏得海斯廷戰役。哈洛德去世，威廉這位勝利者在西敏寺自立為王，建立諾曼王朝。這場於聖誕節在聖彼得修道院——也就是西敏寺——所舉行的加冕典禮，模仿了教皇於西元八百年的聖誕節在羅馬聖彼得大教堂為查理曼大帝加冕的那場典禮。因此這座教堂不僅在建築形式上越過英國本土，師法歐陸，連儀式慶典方面亦是如此。進一步來說，它甚至越過法國，以羅馬為範本。這項舉動同時也預告教堂將來的歷史發展。

雖然懺悔者愛德華在有生之年見到他的教堂舉行奉獻禮，但教堂此時可能尚未完成，大概要等到征服者威廉即位之後才繼續動工。有部分十一世紀修道院建築物被保留了下來，這是該修道院今日仍可見到的最古老遺跡（目前的博物館，也就是原本僧侶位於地下室的寢室，年代可追溯至此）。但就我們所知，這座教堂起源於十三世紀。以下將簡單扼要地概述這棟建築的歷史如下。

十三世紀初期，教堂東端加蓋了一座聖母禮拜堂。當亨利三世在一二四〇年左右決定以全新的建築取代懺悔者愛德華的教堂時，這相較之下顯得渺小的禮拜堂，光彩完全被掩蓋。領導興建工程的是國王的總石匠師，雷內斯的亨利。舊教堂的許多部分都在一二四五年被拆除，隔年新的教堂從東端與翼殿開始動工。約在一二五三年，格洛斯特的約翰繼雷內斯的亨利成為總石匠師，一二六〇年比佛利的羅伯特又接任約翰的職位。約翰和羅伯特兩人都繼續按照原始藍圖進行，只做了一些次要的修改。當亨利三世於一二七二年逝世時，新教堂已經從中殿與翼殿交會處往西蓋出五個開間。一個世紀之後，重建教堂的工作停擺，只有幾項工程仍在進行，但多屬次要。要等到一三七〇年代，才又有人重新試圖完成亨利三世的教堂。教堂得以再度重建，主要是靠西敏寺修道院長李林頓和曾任西敏寺修道院長、後來成為坎特伯里教堂樞機主教藍漢的協助，特別是藍漢捐贈了大筆款項。懺悔者愛德華所建的教堂剩下的部分就是在此時被拆毀。和亨利三世一樣，一三七七年登基的理查二世是在藝術與宗教方面都有遠大企圖心的年輕國王，他的贊助對象也及於西敏寺。國王的總石匠師是大名鼎鼎的耶維爾，他在一三九〇年代掌管興建事宜，建造了中殿的拱廊。特別的是，十三世紀的設計被延續下來，只做出少許變化。整個十五世紀，興建計畫緩慢地進行。十六世紀初，修道院長艾斯利普開始建造西側塔樓，這次他採用最新式的建築風格，然而只蓋到屋頂，教堂就因為宗教改革而被關閉。同時，亨利七世拆除了教堂另一端建於十三世

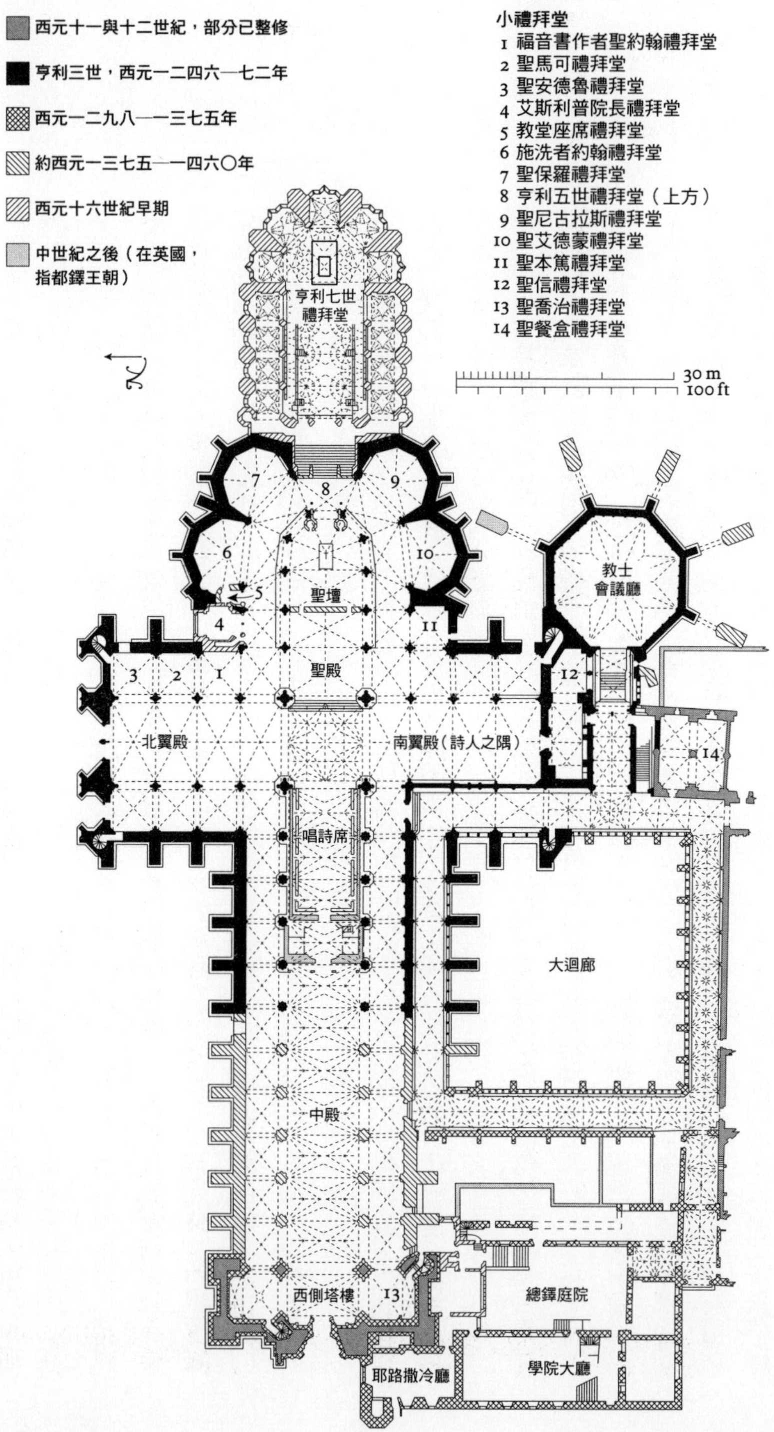
西元十一與十二世紀，部分已整修
亨利三世，西元一二四六—七二年
西元一二九八—一三七五年
約西元一三七五—一四六〇年
西元十六世紀早期
中世紀之後（在英國，指都鐸王朝）
小禮拜堂
1 福音書作者聖約翰禮拜堂
2 聖馬可禮拜堂
3 聖安德魯禮拜堂
4 艾斯利普院長禮拜堂
5 教堂座席禮拜堂
6 施洗者約翰禮拜堂
7 聖保羅禮拜堂
8 亨利五世禮拜堂（上方）
9 聖尼古拉斯禮拜堂
10 聖艾德蒙禮拜堂
11 聖本篤禮拜堂
12 聖信禮拜堂
13 聖喬治禮拜堂
14 聖餐盒禮拜堂
30 m
100 ft
亨利七世禮拜堂
教士會議廳
聖壇
聖殿
北翼殿
南翼殿（詩人之隅）
唱詩席
大迴廊
中殿
西側塔樓
總鐸庭院
學院大廳
耶路撒冷廳

紀的聖母禮拜堂，取而代之的是一五〇三年動工興建的一座新的禮拜堂，也就是我們所知的亨利七世禮拜堂。

宗教改革之後，修道院的建築工事無人問津，直到十七世紀末，雷恩爵士被指派為首位總建築師，他開始修建教堂外部。一七四〇年代，教堂的西側塔樓終於完工，由豪克斯摩爾設計，並在他去世後由建築師詹姆士接手。維多利亞時期，除了史考特爵士和他的繼任者皮爾森總建築師所建的北翼殿之外，教堂工程多為修建性質。他們修建北翼殿的正面，大幅修改玫瑰花窗和入口門廊。二十世紀後半葉，教堂再次需要全面整修；這項工程於一九九五年完工。室內空間也因為重新整理過，藝術效果大為不同。

在所有英國中世紀教堂中，西敏寺的外觀最偏向法國風格。要理解這句話的意義，我們必須檢視法國與英國哥德式建築的歷史。為正確評價哥德式建築的重要性，我們有必要簡單扼要地把它放置在大範圍的西洋建築脈絡中。

古典希臘建築是重視外觀的建築。建於西元前五世紀的帕德嫩神廟，就是將建築視為造型藝術的顛峰之作，它對外在形式的處理已達完美境界。建築內部用黃金和象牙製作的巨大的雅典娜女神像，用意確實在於引發觀者的敬畏之情，但她腳下站的那一塊空間，充其量只能算是個支撐女神像的黑盒子。謹遵希臘建築典範、有時也聘用希臘建築師的羅馬人，其神廟與列柱建築時常以希臘原型為本，不過他們也將幾項技術革新運用在世俗建築物上；他們發明了拱圈，還發現了混凝土。這些新發明使羅馬人能創造出更寬大的內部空間，空間安排也更有彈性。羅馬帝國宏偉的巴西利卡（原本是作為一般大眾聚會和散步的世俗會堂）以及浴池，都顯現出新的可能性。

在此同時，西元二世紀發生了一場建築上的革新——羅馬皇帝哈德良以巨大的圓頂空間形式重建了萬神殿。這是歐洲頭一次出現一座宗教建築，以內部作為構思的前提，亦即空間的效果重於造型的表現。萬神殿的內部是一件偉大的傑作，它的外部相形之下無足輕重，甚至某種程度上來說還有些笨拙，原先建造的列柱將其外形圍住，以掩飾它的不美觀。起初，在宗教領域，萬神殿沒有承襲者，且在帝國鼎盛時期的羅馬城裡，蓋得最傑出的其實是世俗建築。不過在接下來的基督教時代，至少往後的一千年內，最主要的建築創造力與各種資源都投入到教堂建築之中。在這一千年裡，宗教建築的重點完全在於室內。從拜占庭教堂就可以清楚看到這一點，這些教堂的外部相較之下平淡無奇、少有表現力，就連哥德教堂也同樣如此。有些哥德教堂的外觀或許能媲美其他強調外觀的建築物，甚至在特定的例子上我們會認為，它們的外觀比室內還要華麗，然而這些教堂首重室內空間的表現仍是不爭的事實。如果像那幾座最大的法國教堂一樣，內部空間太高而瘦長，以至於蓋不成中央塔樓，那麼中央塔樓就會被犧牲掉。有些飛扶壁的設計令人讚嘆，但是飛扶壁同樣起源於建築上的窘境，它是為了實現內部空間的宏偉目標，強加在外部的必要結構（西敏寺南面的飛扶壁特別雄偉，從中殿的壁面往外延伸了十五公尺，就是為了跨越教堂內北側迴廊的廊道）。巧的是，西敏寺的內部空間考量凌駕於外部空間的程度也是英國教堂中的特例。不過一般而言，哥德式建築的確是奠基於內部空間，即便有些傑出的哥德式塔樓是有史以來蓋得最美麗的。

一旦基督徒擁有自由和資源，他們就開始建造教堂，這情形在羅馬帝國時期已經開始，有些教堂原創性十足，有些規模相當大。既然新約聖經宣稱我們在這世上無棲身之處，但有一個即將到來的、一個天上的新耶路撒冷，我們可能以為基督教抬頭的結果是蓋出較為謙卑的宗教建築；但相反地，它卻爆發出新的創造力、發明與野心。事實上，古代晚期藝術成就中，以建築的表現最為耀眼。有些教堂是依據集中式平面所建，例如萬神殿。其中最富創意的是查士丁尼大帝在六世紀建造的兩座教堂。聖維他雷教堂位於拉溫納，它有一個半圓形圓頂，坐落在有八個環形殿的八角形平面上，這八角形又包覆在一個更大的八角形裡，這種複雜的空間配置史無前例。至於君士坦丁堡的聖索菲亞教堂，一個巨大的淺圓頂從兩個半圓頂上方浮現出來，建築手法連今人都嘆為觀止。

古代晚期所偏好的另一種教堂設計形式是巴西利卡。它的形狀是個瘦長的長方形，通常在東端會有一個環形殿，長方形由中殿或中央的空間構成，中殿左右各是一條較低的側廊。中殿的兩邊各以柱列（即拱廊）與側廊隔開，光源來自側廊上層的一排窗戶（即高窗）。巴西利卡明顯的中軸線設計與多邊形或集中式平面的建築大為不同。中殿兩側往前延伸的柱列，以及和長度相比之下更顯窄小的寬度，將觀者的目光不偏不倚吸引至東端的祭壇。羅馬古城牆外的聖母瑪麗亞大教堂與聖保羅教堂，就是這樣的例子。

正是巴西利卡這種形式，成為往後西方中世紀教堂模仿的對象，差別只在於有些規模較大的教堂，它們的平面圖通常是十字形而非長方形。另外一條軸線（即翼殿）與中軸線直角相交，形成更複雜的空間效果。兩條軸線相交的區域，也就是中殿與翼殿交會之處，將觀者目光引導向中殿東側的柱列從中截斷。中殿與翼殿交會處的上方通常有座塔樓，在某些教堂裡，這座塔樓和下方的教堂內部相通，使觀者向東的目光被帶往上方，有時他們看到的是令人目眩的高度。在規模較大的教堂裡，中殿的高度通常不是兩層樓高（下有拱廊，上有高窗）而是三層樓，拱廊和高窗之間是樓廊或樓座（樓座是建在側殿上方的第二層樓，朝中殿開放；樓廊是位於側殿屋頂高度的有牆通道或封閉的拱廊，建在厚實的內牆上。「樓廊」一詞通常被用來形容這兩種形式，不過將兩者區分清楚是很有幫助的）。

在仿羅馬式教堂或圓拱形式的教堂，以及往後的哥德樣式時期中，十字形平面是很常見的設計。大約在十二世紀中期，極為成熟的哥德建築風格突然間出現在聖丹尼斯教堂。接下來的演變和建築史上的其他大事件一樣令人嘆為觀止。比聖丹尼斯更大，結構上更有野心的大教堂，在法國北部一個接著一個如雨後春筍般冒出來。哥德式是一種追求極致的建築風格：表現在英國教堂是長度的極致，在西班牙（中世紀晚期）是寬度的極致，而在法國是高度的極致。在某些早期的法國大教堂中，設計者採用四層樓的樓高，不只蓋了樓座還蓋了樓廊，藉此達到他們想要的高度，然而，他們很快便發現了得以擺脫樓座的建築技術。在法國哥德極盛時期教堂的顛峰之作——漢斯、布爾日和亞眠大教堂裡，拱廊或高窗、或兩者皆是極端地高；樓廊高度中等，但往橫向緊密相接，簡潔有力地平衡了從地面一路延伸至拱頂、垂直瘦長的柱身。

接下來哥德極盛時期教堂的風格演變為法國學者所稱的 Rayonnant（輻射的，由玫瑰花窗得名，窗櫺似車輪輻射，玫瑰花窗是該風格的特徵之一）。此風格的特點是輕巧與透明。外牆變薄；窗戶變寬，而且開口不需將厚牆切開斜角。樓廊也不再有清楚的分隔，而是併入高窗的花樣，有時也嵌上玻璃，因此拱廊以上的每一樣東西彷彿都成為液體般融合成色彩繽紛的透明物。這是一種美學上的幻覺，好似為了抗拒實體的體積與重量。當雷內斯的亨利著手設計西敏寺時，這就是當時最新穎的教堂樣式。

十二世紀結束之前，哥德風格橫渡英倫海峽。法國人桑斯的威廉重建坎特伯里教堂的唱詩席，後續工作由英國的威廉接手。在威爾斯，一位不知名的建築師設計出與法國教堂樣式迥異的中殿。它並非高聳入天，樓層立面強調的是水平而非垂直。拱廊的柱子不是圓柱形，而是由許多瘦長的柱身集合成一束所構成；從柱身上冒出的柱頭呈現抽象但又如有機體般的捲鬚狀，設計上強調的是粗大柱身的豐富變化。建於十三世紀前半葉的索爾斯伯利大教堂又完全不同，在索爾斯伯利，拱廊的柱頭完全沒有雕刻裝飾（西敏寺亦是如此），因而達到古典風格節制的效果。威爾斯的教堂也有同樣的柱頭，只是不同於法國哥德極盛時期教堂，它的柱身沒有從地面直達拱頂。和法國的教堂相比，它的翼殿從中殿和側廊延伸出去的長度更長，教堂從中殿翼殿交會處更往東方凸出，甚至又冒出了第二條較小的翼殿。這幾項特點——往東向延長與雙翼殿——也出現在其他幾座英國大教堂裡。法國教堂結構較緊湊，它集中所有的力量，就是為了賦予觀者一個立即而龐大的印象。英國的教堂一般而言給人感覺較為分散，畫分為較多不同的區塊，行走其中時會有新的室內場所和空間在眼前展開。

法國一直是哥德教堂樣式創新的靈感發源地，然而到十三世紀晚期，英國建築一夕之間出現驚人的發明。英國西郡的教堂尤其具實驗性：威爾斯教堂東端有如建築的賦格曲，又有如室內樂，是整個哥德建築史上操作空間最巧妙與最複雜的一座教堂，美不勝收。在這史稱「裝飾化」時期中有幾種不同的風格變化；其中影響最深遠的就是曲線風格，它的窗花格是以相反的曲線或S形曲線為基礎。這種建築手法傳到歐陸，在當地經過一番修改和演變，形成法國中世紀晚期的火焰哥德式建築。然而，十四世紀中期英國也再次革新它們的建築——新風格的特色是巨大的窗戶，以及偏好在窗戶和牆面上採用長方形格子狀樣式。與之前風格不同的是，這種叫做「垂直式」的風格在英格蘭本土之外沒有任何影響力，是孤立於海島上的一種樣式。但在英國，垂直式風格大為流行，之後又延續了幾乎兩百年，成為英國中世紀較大型教堂中流傳至今最常見的建築風格。

西敏寺的歷史可以從故事的這裡接續下去，但是它卻又接不上。西敏寺有一部分的「外來性」付之闕如。中世紀英國的塔樓建築非常傑出，但西敏寺卻沒有中世紀塔樓。除了迴廊的一小部分以及聖殿四周某幾個墳墓的華麗頂篷之外，這裡幾乎沒有任何裝飾樣式。此外，雖然中殿的大部分都建於垂直式時期，但在垂直式風格的最晚期之前，也就是都鐸王朝時期，西敏寺裡很少見到這種建築風格。隨後此風格出現在西邊的正面，就在今日塔樓下方，以及亨利七世的禮拜堂裡。西敏寺不只欠缺可在大部分英國大教堂中找到的元素，它還有意以法國教堂為範本，尤其近似漢斯大教堂。法國特色在西敏寺的高度和寬度比上最為明顯。西敏寺的中殿拱頂是英國中世紀教堂中最高的（和其他教堂之間只有些微差距），就和寬度的比例而言，它的高度無疑最高。西敏寺不但東邊凸出部分的末端是個環形殿，而不是早已在英格蘭常見的方形末端，而且還有一組禮拜堂模仿法國樣式，從半圓迴廊向外伸展出去。西敏寺也不像英國人喜歡的那樣，從中殿與翼殿交會處往東延伸出很長一段距離——它從環形殿的起點算起只有三個開間。

法國風格帶著其威望傳播到許多地方：科隆大教堂的唱詩席是道地的哥德極盛時期風格，它可稱得上是萊茵河岸版的亞眠大教堂；里昂大教堂則是在西班牙土地上開花結果的傑出法國輻射

於中殿朝東望。十四世紀的中殿延續十三世紀東翼的設計，只做了少部分修改。它在比例上依照法國樣式——相對於寬度而言它非常高，但那比早期唱詩席拱頂更加繁複的華麗肋筋拱頂則是英國的特色。

式教堂。有趣的是，西敏寺的情況卻大為不同。首先，它並不單獨以某座法國教堂為藍本。雖然漢斯大教堂的影響極為重要，但我們將看到設計者同樣汲取了巴黎聖禮拜堂與聖母院翼殿先進的技術創新。聖禮拜堂的玻璃比牆的面積還大，它大片窗戶上的櫺條窗花是典型的輻射風格。聖母院南翼殿盡頭牆面的上半部完全以玻璃構成，由細長的石造肋條支撐——正方形中是一片玫瑰花窗，正方形的下半部也全都嵌上玻璃；玫瑰花窗下的樓廊層上同樣嵌著玻璃。整片牆成了薄薄的一層殼，而且即便是這層殼，也化為七彩斑爛的光線。

西敏寺折衷採取法國的設計，但它也是英法風格混合的折衷。舉例來說，雷內斯的亨利在教堂裡建的是有窗的樓座（從裡面幾乎看不見，但從外面卻看得很清楚）而非法國教堂一般採用的樓廊。翼殿很長，依照英國樣式由中殿側廊往外延伸出一大段；和漢斯大教堂的兩個開間相較，它的兩側各是四個開間深。拱頂上有一條肋筋脊線，這是法國人完全陌生但常見於英國的形式；當亨利之後的繼任者將教堂往西延伸時，也把拱頂建得更繁複，用英國手法加入更多的肋筋。

英國還使用差異甚大的建材。北法得天獨厚，擁有豐富的高品質石灰岩礦（英國的確有相當多教堂用的是來自諾曼第卡昂的石頭，包括西敏寺在內），因此法國的教堂建造者沒有太大動機去嘗試將不同地域的材料用在建築上所呈現的效果。但是，包括英國東南部在內的許多地方就沒有那麼幸運了，結果西敏寺外部所使用的石材無法承受倫敦布滿煤灰空氣的摧殘。上等方石（為砌牆而切成方形的石頭）難以取得、價錢昂貴，英國石匠因而被迫使用各種不同類型的石材，有時他們必須在有限的條件下做最大的發揮。最精采的例子是建於十四世紀的艾克斯特大教堂內部。在這座位於英國西郡的教堂裡，部分牆壁和肋筋拱頂採用優美的石灰石，但因為石灰石不夠堅固，無法用在主要承載重量的區域，因此未經磨光、略呈灰白色的波貝克大理石被用來製作墩柱。其他地方用的則是偏黃的沙岩，甚至還用到一些帶紫色粗糙的本地岩石，有些遊客誤以為那是磚塊。而教堂內部溫暖又有人性的氣氛，都要歸功於這些不同石材所構成的和諧感。

十三世紀的英國石匠最愛用的建材是波貝克大理石，如此就沒有需求不足的問題。技術上來說，這種多塞特郡出產的石頭並不是大理石，而是在高熱與高壓下再次結晶的石灰岩，但這是種可供打磨的石灰岩。它首次被大量使用是在坎特伯里大教堂的環形殿裡，圍繞著聖湯瑪士墳墓那一圈閃閃發亮的波貝克大理石柱，與馬賽克磚地板和聖壇旁的黃金珠寶相得益彰。之後，索爾斯伯利大教堂廣泛使用波貝克大理石，使教堂裡瀰漫著一股冷冽並略帶疏離的典雅氛圍。西敏寺也大量採用波貝克大理石，原因之一是亨利三世有意將大理石材當作豪華的展示品，不過它對建築風格的表現自然有所影響。

西敏寺的波貝克大理石在中殿與翼殿交會處表現得最為美輪美奐，布滿中殿翼殿交會處的墩柱從地面一直往上延伸到拱頂的起拱點。西敏寺墩柱的外觀比雷姆斯教堂的更細緻：它被打造成一墩柱身，每一根柱身都相當修長，但直徑互異，這些柱身以微妙的韻律集結在一起。唯一強調水平的一處非常不明顯，而且還是在比較低的高度，也就是在拱廊柱頭高度一圈薄薄的石頭。因此垂直的力量只在此稍做停留，就再度向上騰越。閃爍著微光的大理石揉合了豐富感與雄心壯志。就是在這一處，西敏寺似乎僅此一次勝過它模仿的法國對象。

往東朝環形殿方向看去時，我們可以看到每一條肋筋拱頂都顯而易見地匯集在每一根波貝克大理石柱上，而且看起來像是被柱身所支撐，因此屋頂彷彿與下方的結構相連，被往上托住，但又是不費吹灰之力；當然了，修長柱身承受拱頂重量的這個印象只是幻覺罷了。如果我們往西望向中殿後方，視覺效果就略為不同。我們會再次看到這比法國拱頂更變化豐富而厚重的拱頂，好似坐落在從平坦牆面凸出的柱身上方。但在這裡只有主要拱廊的墩柱採用波貝克大理石；拱廊上方全是白色的石頭。如果我們以造型來解讀中殿的樓層立面，它的垂直性很強，立面的三個樓層被每個拱廊構成的單位結合成一個整體。但如果我們以材質來解讀，顏色與紋理都相當獨樹一幟的拱廊墩柱彷彿與彼此相屬，而不屬於上方樓層。或許這是個耐人尋味的曖昧性，也或許因此減弱了對比。

不過誰是雷內斯的亨利？雷內斯這地方似乎很有可能指的是法國的漢斯，過去有些人推測亨利其實是法國人。果真如此的話，教堂設計中的英國元素就是這位建築師的英國助手所貢獻的成就了，那麼西敏寺的故事將很奇怪地與對街的新哥德式國會大廈相同。在國會大廈裡，建築師貝瑞的整體建築規畫結合了他的助手普金指揮的裝飾細部，創造出一棟絕非兩人可以單獨達成的建築傑作。但話說回來，我們幾乎可以確定亨利的確是英國人，不僅因為教堂設計的基本概念太偏向英式，而且我們對他早年生涯雖然所知不多，卻足以斷言他並不像坎特伯里教堂的建築師桑斯的威廉那樣，是一位名滿天下的外國人，被請來完成一項極負盛名的大事業。這麼一來，他的名字就像某個移居印度的波斯拜火教徒後裔帕西人的名字是「在加爾各答工作之人」的意思一樣——他不是漢斯人，而是曾經待過那裡，無疑對漢斯大教堂知之甚詳。

漢斯大教堂的內部有一項獨一無二的特色，或許我們可以用權威一詞來形容。它高聳直立之姿，使得它擁有幾乎稱得上是古典風格的沉穩與流線造型。這一點西敏寺似乎一直無法和漢斯完

唱詩席與聖殿。中殿翼殿交會處的柱子是由好幾根磨光的英國波貝克大理石打造成的瘦長柱身集合成一束，藉此強調垂直感。在祭壇後面的屏風將聖殿與後方的聖壇隔開。該屏風建於十五世紀，不過如圖中所見，目前它面對西邊的那一面充斥著維多利亞時期的風格。

全相仿。西敏寺自己的特色有一部分取決於它的目的，為了了解這目的，我們必須想到另一位亨利的角色。西敏寺的重建不是起因於一個社群或組織，而是出自一人之手。亨利三世以其雄心壯志蓋起這座教堂，還用他的錢作為建造的資金。亨利的統治時間從一二一六年到一二七二年，雖然是英國中世紀國王中最長的，他卻不是位英君，不過他的個性倒很有意思。他氣質優雅，愛好藝術與宗教，他的眼光遍及歐陸與全世界。他傾慕巴黎路易十四的宮廷文化，對羅馬教廷心懷虔敬。和普羅旺斯的愛琳諾的婚姻關係使他接觸地中海精緻文明，而對姻親的偏袒卻也使他不得民心。他揮霍無度，最大的花費就是西敏寺。

亨利三世為何要重建西敏寺？主要原因或許有兩點。懺悔者愛德華在一一六一年被封為聖人，亨利三世可能對這位神聖的先祖特別虔誠，因此希望能榮耀他，並且風光體面地被葬在他身旁。而且亨利三世想和法國偉大的王室教堂匹敵——漢斯的加冕教堂以及巴黎埋葬王族聖骨的聖禮拜堂。有一點可以肯定的是，亨利三世無意替自己的繼位者建造王室陵墓。和法國不同，自征服者威廉以降的英王，並不會想盡辦法讓自己被葬在某個特定的教堂。征服者威廉葬在法國卡昂，威廉二世葬在英國溫徹斯特大教堂，亨利一世葬在英國瑞丁修道院，史蒂芬葬在英國費佛夏姆修道院，亨利二世和理查一世葬在法國方德霍修道院，約翰葬在英國伍斯特大教堂。亨利三世當然希望西敏寺在世人的記憶中是他的特殊展示品，就像路易十四的聖禮拜堂那樣。西敏寺演變成眾多國王的安息之處，是形成教堂歷史特色的幾樁偶然之一。

祀奉懺悔者愛德華以及超越法國王室，是西敏寺室內的兩大設計重點。一項屬於十三世紀的醒目而卓越的建築特點，就是以小方塊的裝飾圖案覆蓋在大片的平坦牆面上，這種裝飾圖案叫做菱形花紋，它也是源自於法國。但在法國，沒有任何一個地方會像這樣把菱形花紋用在室內牆面的一整片區域裡。由於過程中必須雕刻相當大的一片區域，即便它是固定樣式的重複圖案，這樣的工程一定是緩慢而昂貴的；也因此更往西邊的後期菱形花紋比較大，做工也比較粗糙，想必是為了節省時間或金錢，或兩者皆是。菱形花紋上最初曾經上色與鍍金，擺明是在炫耀所花費的金錢，刻意以大量財富昭告世人。亨利三世替懺悔者愛德華建造了一座新聖祠，但就某種意義上來說，整個聖殿都是這位聖人的聖祠；華麗的外箱與收藏聖體的聖骨匣上的鍍金與馬賽克磁磚，互相輝映。

此外，西敏寺東翼有一股緊繃感，區隔出它與漢斯大教堂的不同氣質。環形殿的做法有兩種。環形殿的牆體可以是連續的曲線，如坎特伯里大教堂和倫敦的聖巴索羅謬教堂的環形殿；另一種做法也可以是多邊形。多邊形的角度愈寬，牆面就會愈像一條曲線般。漢斯大教堂的環形殿有五個邊，而不是曲線，西敏寺的也是，但效果不同。就寬與高的比例而言，西敏寺略高於漢斯；環形殿兩邊的第一開間以極小的角度向內傾斜，因此環形殿看起來幾乎像是有三邊，太有稜角。拱廊的尖拱非常尖，幾乎每一寸平面都刻有菱形花紋。有稜有角、尖銳、雕刻花紋，這樣的教堂東端並不具有沉穩的氣質，反而充滿緊繃氣氛。

雷內斯的亨利在設計上喜歡採用厚實的牆，這樣的牆體能表現出深度與三度空間感。樓座上的拱廊有兩排——第二排墩柱和拱門有一半隱藏在第一排後面。它的後方就是樓座區，即便從下方幾乎看得見，卻只有一部分呈現在眼前，另一部分可以想像成是一處大片空白的虛空間。這面牆讓人目不轉睛的原因在於，即便平坦的表面也不全然是平的，而是在菱形花紋覆蓋下皺起，成

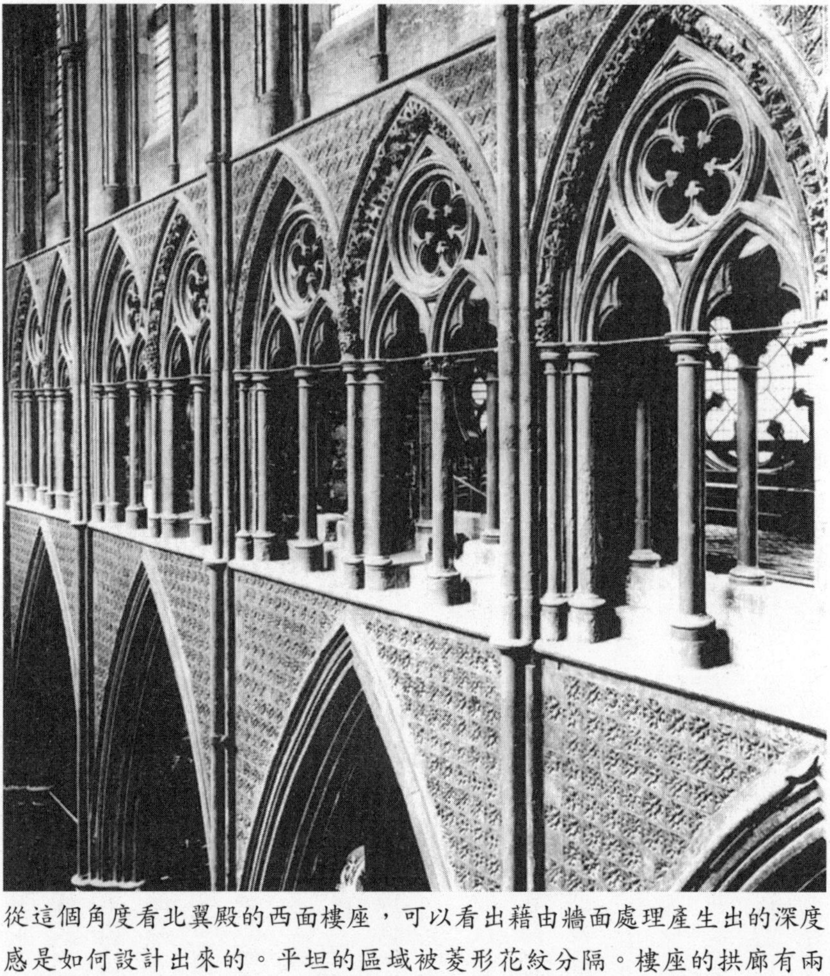

從這個角度看北翼殿的西面樓座，可以看出藉由牆面處理產生出的深度感是如何設計出來的。平坦的區域被菱形花紋分隔。樓座的拱廊有兩排，拱廊後方的陰暗區域由窗戶照亮，從地面上幾乎無法看清。

為連續的起伏。從這幾點看來，西敏寺的美學價值勝過十三世紀。然而在其他地方，輻射風格的影響仍然很大。八邊形修士會堂的每一邊都嵌滿大片條狀窗櫺，中間沒有牆面。多邊形修士會堂曾是獨特的英國產物，所以這是將法國設計運用在英國本土的一例。翼殿盡頭是另一種風格的融合——結合了輻射風格的輕巧細薄與深度的表現。

讓我們來看看南翼殿的盡頭（北翼殿的設計概念與南翼殿類似，但我們將會看到，南翼殿在這棟建築裡具有特殊的重要性，更何況北翼殿的玫瑰花窗已在維多利亞時期的重建工程中被大幅修改）。它的結構極為豐富卻又純粹，立面樓層不是分隔成三層，而是五層，逐一往上堆疊，十分華麗。第三與第四層嵌上玻璃，但玻璃窗卻從拱門往內深深凹進去；在第四層，透明的窗戶與石造作品厚實的整體感構成了矛盾的結合體，特別耐人尋味——整排的窗戶與拱廊構成的樓座彷彿在同一時間被視為一個整體。但在最高一層的玫瑰花窗卻不一樣。這是一層薄薄的石造肋筋與玻璃，在設計上確實與法國聖母院翼殿的玫瑰花窗十分類似（此處有幾項疑點。雖然現存的玫瑰花窗與原件可能相去不遠，但卻是由史考特爵士在十九世紀時重建，最初的設計者可能是雷內斯的亨利或是他的繼任者格洛斯特的約翰，而西敏寺的玫瑰花窗或許比巴黎的玫瑰花窗更早興建。既然如此，建築師可以在尚未建造之時，就已經從平面圖知道這樣的設計）。西敏寺的拱肩壁和聖母院一樣鑲嵌了玻璃，或者換句話說，整個下半部的正方形、有著圓形玫瑰花窗的部分，都是由玻璃構成。不同之處在於拱頂與牆頂沒有在這最高的一層相接，卻在它前方結束，因此玫瑰花窗看似漂浮在牆上，上部邊緣神祕地消失在屋頂中。

大多數英國大教堂的外部正如內部一樣，與法國大相逕庭。幾項特色的其中之一是裝飾性立

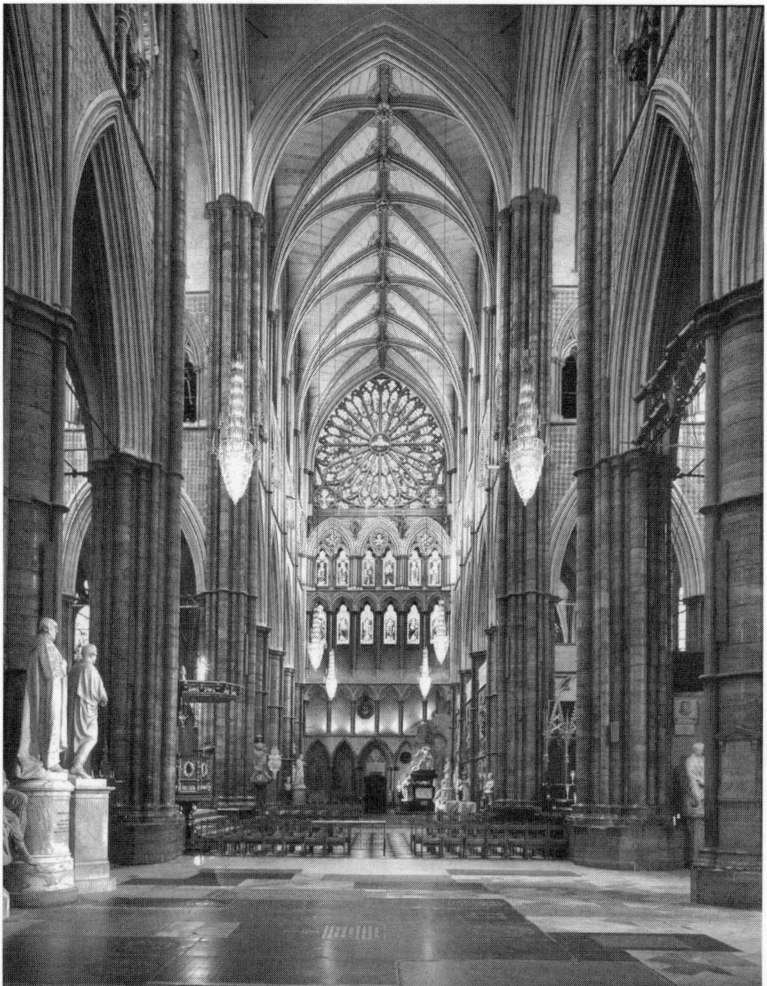

南翼殿——中世紀國王與現代遊客所看到教堂內部的第一眼完全一樣。盡頭富麗堂皇的牆面有三層都是彩色鑲嵌玻璃。下方兩層的玻璃從拱門深深往內凹進去，但上方的玫瑰花窗是由玻璃與石頭構成的一層薄片，它的上方神祕地從拱頂消失在上方的屋頂中。

面——教堂西端本身就是一項成就，試圖掩飾而非表現它後方教堂內部的設計與重要性。真正的大門通常並不明顯，某些教堂主要入口不在正面，而在旁邊。典型的法國教堂西向立面會將內部形式表現在外，藉由凸出厚而深的門廊，以及豐富的雕刻裝飾來控制入口的效果。這些門廊彷彿是在歡迎觀者來到他們的庇護所，吸引觀者進入建築物內。有時法國匠師也會在翼殿設計華麗的大門，但西向立面幾乎是向世人宣告它是主要入口。

我們不知道十三世紀的匠師如何規畫西敏寺西向立面，但較靠近王宮的北翼殿看起來像一開始就被設計成主要慶典儀式的入口。為符合它特殊的重要性，設計者在此建造出三座高大的門廊，並搭配合適的雕像。然而其結構同樣也不是純粹的法國風格。法國風格的元素是玫瑰花窗、比例適切的門廊以及凸出的門廊；但西敏寺的門廊並沒有依循法國式樣在立面上的做法，將門廊往外延伸，彷彿要擁抱觀者。相反地，入口是鑿入平坦牆面，這搶眼的設計背後有一段令人沮喪的歷史。門廊上的雕像躲過清教徒的聖像破壞運動，卻在十八世紀因美感而非宗教理由被拆除——只因為這些雕像頹圮不堪，而當時的品味喜好整齊美觀。史考特爵士在一八八〇年左右重建該立面時，拆毀門廊，並以當時煞費苦心模仿的十三世紀法國門廊設計取而代之。因此，藉由一位堅定愛國的維多利亞英國人之手，終於在北翼殿完成了這個實際上是法國樣式的立面。

建築猶如音樂，必須藉由時間來體會，但與音樂不同的是，建築物可容我們自行選擇步調，有時甚至還能選擇欣賞的順序。我們在建築物裡行走速度是快或是慢、是否從較大空間移動到較小空間或反向而行、建築物內部的整體是否瞬間在我們眼前拆解，或者以較為漸進的方式逐步展現，都會造成觀者不同的感受。幾位造訪西敏寺的文人已經意識到這一點。歐文從南面錯綜複雜的幾棟附屬建築展開他「數小時的西敏寺漫遊」，他行經看起來很隱密而且又低矮又黑暗的通道，繼續通過迴廊，這時才來到教堂的主建築，轉瞬間的對比力量令他為之震撼，對內部的高度與廣大的空間大感驚豔。曾多次造訪西敏寺的霍桑第一次是從北翼殿進入，他以為這是個側面入口；還有一次他從一個小門溜進詩人之隅，從而沉浸在由整個廣大空間裡隱蔽的一小角展開觀賞之旅的感性之中。

當我們從西邊的門走進一座法國大教堂時，很可能會發覺自己身處在一個黑色的木盒子裡。在昏暗的光線中，我們辨認出一個磁漆的標記，上面寫著「推」，因此我們推開門，遲疑地進入教堂；接著在那一瞬間，我們的目光迎向整座教堂巨大的空間，氣勢之強令人難以抵擋。就拿坎特伯里大教堂來說好了，從南面的主要門廊進入教堂時，我們會出現在中殿的側廊裡。一開始我們只能瞥見整個建築物高度的一部分，直到前進到中央的長形空間，才能掌握中殿的全貌。西敏寺最新擬定的遊客參觀動線，便是帶領參觀者由北翼殿進入。現代遊客很可能和霍桑一樣，覺得被帶到側門，特別是他才剛去過教堂西端，然後被引導到這裡。但事實上他走的路線和中世紀君王是同一條。國王或朝聖者走進來，看到的第一樣東西是一座有九個開間長的「教堂」，以南翼殿盡頭的牆為終點——這就是為何這面牆有如此特殊的重要性。當然，它只是幻覺；觀者眼中的教堂只是與中殿主要長形空間直角相交的橫向空間，中殿尚未現身。

站在中殿與翼殿交會的結點上，我們還是無法看清整個中殿長形空間。就建築形式而言，中殿是教堂從西端到中殿翼殿交會處的全長，而唱詩席是從中殿翼殿交會處往東延伸的部分。但從聖餐儀式來看，西敏寺有不同的解讀方式。左右兩側設有座位、從中殿翼殿交會處往西延伸的唱詩席，在西端被一片叫做祭壇屏幕的屏風遮住，這唱詩席將中殿分為兩個不等長的部分。在本篇會教堂裡這是很常見的形式。如我們已知，雖然英國的大教堂通常由中殿翼殿交會處往西一路延伸，西敏寺卻是例外。因此，我們所站的位置，是一個集中區域的視覺焦點，這集中區域是個有四條約略等長臂狀物的十字架。然而還有另一個軸線與中殿、聖殿以及翼殿在中殿翼殿交會處相交，也就是從地面聳立至拱頂的高度，然後繼續往上延伸至塔樓空間的垂直軸線。宏偉的法國教堂通常沒有中央塔樓，中殿翼殿交會處的拱頂和教堂其他地方高度相同。最顯而易見的例外是盧昂大教堂，在這棟建築可看出英國風格的影響。另一方面，英國有幾座教堂在中殿翼殿交會處上方有個燈籠式塔樓——也就是一座彩色鑲嵌玻璃窗的塔樓，下方與教堂相通。西敏寺的燈籠式塔樓一直沒有蓋成，只有年代不早於十八世紀的塔樓底部，繪有圖案的木製天花板是二十世紀的，在教堂因戰爭受損之後才安置上去。因此我們抬頭望向拱頂時，不會像在林肯、坎特伯里或約克教堂裡那樣，在令人目眩的高處看到一束束太陽光柱有如上帝賜福般從天而降。不過塔樓額外的高度的確有影響，不管在哪座教堂都一樣。

即便如此，總結來說，西敏寺還是一座因循傳統平面圖而建的十字形教堂。在裡面走動時，我們會調整解讀它的方式：來到中殿，它就以一棟依照軸線而建的建築物呈現在我們眼前，將觀者的目光往東引導至聖殿與環形殿。不過對西敏寺來說，最關鍵的角色還是一座加冕教堂。然而，修道院的日常必要事務與偶爾需要執行的王室儀式，兩者不一定能互相配合，因此我們可以揣測，這座大教堂以獨特的方式適應它的儀式功能，這方式部分出於偶然，部分來自它內部的設計。就一座加冕教堂而言，將唱詩席與中殿隔絕是不恰當的；在盛大的場合中大批群眾看不見正在進行的儀式，時至今日依舊如此，而且在麥克風發明之前，他們也聽不清楚裡面的聲音。另一方面來說，中殿翼殿交會處是國王加冕的舞台，這裡很適合被設計成目光的焦點。我們必須試著想像，在中世紀的加冕典禮上，大批群眾湧入翼殿，聚集在上方的樓座裡。替西敏寺建造樓座當然有美感與結構上的理由，但它在加冕儀式中也派得上用場。

教堂的裝飾與陳設的豪華程度，同樣帶有王室特色。亨利三世原本就想放入當代製造得最精美的繪畫、雕刻、銅器與金屬工藝。現存有一件非常出色的物品——西元十三世紀留下來的祭壇裝飾屏風（祭壇背面繪有圖案的飾板），可能是專門為主祭壇製作，雖然已嚴重損毀，卻是當年阿爾卑斯山以北品質最好的木板畫。南翼殿牆上約莫繪製於一三〇〇年的繪畫，是英格蘭現存當時壁畫中規模最宏偉的。絕大多數原始的玻璃都沒有留下來，只有極少數殘片目前展示在教堂的博物館裡，不過聖殿的高窗上，還有為數不少、製作時間稍晚的玻璃（坎特伯里大教堂可能是英格蘭唯一一處可以感受到與十三世紀末的西敏寺裡，有著相仿特性光線的地方）。在亨利三世所建的教堂裡，規模最大的雕像陳列品在北翼殿的門廊上，這些雕像現在已經全部不在了；室內的雕刻作品同樣傑出，種類也很多。大多數裝飾性雕刻都在墓上，十分精緻優美，只有一件雕刻隱藏在唱詩席樓座裡的樑托上，刻的是一個神情愉快的男子，臉上露出放肆的大笑。後人猜測他是其中一位建築商，或是典型的十三世紀倫敦佬。在教士會議廳裡身形修長的聖母瑪麗亞和天使加百列，在較大程度上來說屬於傳統英國風格，可以媲美威爾斯大教堂的雕像；然而，在南翼殿盡頭牆上兩個持香爐的天使身上，卻可以看出強烈法國風格的影響。這兩座有名的人像占滿拱肩——也就是一個三角形空間，其中一側為一內凹弧線，這個角落很難處理，但雕刻家卻以其超凡

持香爐的天使，位於南翼殿盡頭的牆上，完成於十三世紀中期。在動態感中結合了優雅與寧靜的天使像，風格大部分來自於當時的法國雕刻，而法國雕刻則是受到希臘羅馬雕刻的影響。

的技藝填入雕像。天使的翅膀向外伸展，和修長但不纖瘦的身體成為直角。雕刻天使最麻煩的一點是如何讓他們看起來雌雄難辨，但又不能太女性化，這問題在此獲得解決。取自法國的靈感在天使的臉上表露無遺，尤其是右邊的天使，他的面容柔和寬闊，臉上帶著淺淺的微笑，周圍茂密的捲髮使臉部線條更為凸顯。左邊的天使以舒適的姿勢向後靠著牆，另一個天使身體往香爐方向略略往前傾；兩尊天使像在動態感中結合了優雅與寧靜，不輸給任何同時期製作的雕像。

亨利三世想讓他的教堂成為一個藏寶之處，收藏琳瑯滿目的奇珍異寶，但其中最奇妙或許也是最令人難以忘懷的一項收藏卻遠非他原本所料。在一二二二年頒布的命令中，西敏寺獲得一項殊榮，自此免於受倫敦主教與坎特伯里樞機主教管轄，直接隸屬於教皇。因此，當威爾在一二五八年獲選為西敏寺修道院院長時，他前往羅馬接受委任。套句之後的中世紀編年史家福雷特的話，在這次或稍後的羅馬之行，威爾帶回了「希臘塔索斯島上的斑岩、碧玉與大理石」，負責雕鑿這些石頭的義大利藝術家也跟著一起來了。因此，聖殿裡如蛾翅般散發出不可思議隱約虹光的義大利鑲嵌地板，是以一種被稱做「卡斯馬提」的風格拼貼而成，而且做工比義大利任何同類型地板更為精細。在這英國場景下，此地板是一件充滿異國情調的奇珍異寶，也像征服者威廉的那場加冕典禮一樣，越過法國的影響，宣示效忠羅馬的文化與天主教威權。歷史是矛盾的——現在它所在的地點，正是英王誓言制訂法律支持新教的地方。

它同時也汲取了另一種羅馬權威，也就是古希臘羅馬文化。早先它周圍以黃銅字母刻著古典拉丁格律寫成的銘文，表面上似乎是替鑲嵌地板的抽象設計提出象徵性的解釋。然而這篇銘文卻交替使用六步格和哀輓雙行體兩種格律，任何一個古代羅馬人都會視為粗俗不文，或許會覺得這

聖殿的鑲嵌地板，十九世紀初德國風景畫家艾克曼所著《聖彼得的西敏寺之歷史》（一八一二年）一書中曾描繪此鑲嵌地板。設計師奧德利柯斯來自羅馬，一部分原料也是從羅馬進口，這充滿異國風情的精心之作，明白顯示出西敏寺與羅馬的文化與宗教精神權威上的連結。

內容更是荒誕不經：

> 在西元一二一二年又六十年減四年（亦即一二六八年），英王亨利三世、該城市（亦即羅馬城）、奧德利柯斯（藝術家）與該修道院院長一起將這些斑石拼接起來。如果觀看者審慎地檢視腳下的每一塊石頭，他將在此發現宇宙末日來臨的時間。灌木叢的末日年限是三年；加上狗和馬和人、公鹿和渡鴉、老鷹、大海怪和全世界的末日年限；後面生物的壽命一律是前面生物年限的三倍。這天體球展現了宇宙原形。

在我們看來，製作者的想法距古羅馬相去甚遠。不過這片鑲嵌地板不管用何種標準來看都是外來產物：斑石開採自埃及（雖然威爾供應的石頭據推測應該是在古希臘羅馬時期就被運去羅馬），而地板的設計靈感來自回教世界的複雜圖案。巴黎、羅馬甚至開羅的物品，都到倫敦來了。數世紀之前，查理曼大帝從羅馬掠奪了大批大理石，用來鋪設他位於亞琛的皇家禮拜堂牆面。此刻西敏寺追隨他的腳步，只是規模較小。

義大利人也製作了聖愛德華的聖祠和亨利三世的棺槨，替聖壇的地面鋪設另一片鑲嵌地板，以至於教堂裡這最神聖、最核心的一區，同時也是最有異國風情的。英格蘭最受喜愛的聖壇在坎特伯里大教堂裡，教堂的整條東翼都架高在地窖上，朝聖者必須爬上一大段階梯，才能到達聖人所在的地方。行經長長的建築物是很富戲劇性而且持續進行的過程；或許沒有哪個教堂的內部像坎特伯里大教堂一樣，將階梯安排得如此令人振奮。西敏寺雖沒有相等的戲劇效果，但聖壇所在

亨利三世之墓，同樣是出自義大利卡斯馬提家族的藝術家之手。上半部有如凝固血液顏色的埃及斑岩石板來自羅馬。下方的山形牆和壁柱，喚起中世紀的歐洲北方對古希臘羅馬的追憶。鍍金與青銅製的國王棺蓋雕像則出自英國的托瑞爾之手。

之處還是比聖殿略高，聖殿也比中殿略高。和坎特伯里不同的是，西敏寺側廊地面維持和中殿一樣的高度，因此聖壇高出環形殿迴廊約一．八公尺，以避開空間的干擾。聖壇入口窄而難走，而且看來必定從以前到現在一直如此。亨利的墓美輪美奐，是純粹義大利風格，流露出奇妙的永恆感。棺槨上古代斑岩做成的石板、或多或少有幾分古典風貌的壁柱，一邊甚至還有個古典的山形牆，這些都是取法古羅馬風格的證明，也是兩個半世紀之後才會在英國發生的文藝復興的前兆。大面積沉穩的斑岩凸顯出鍍金做工的繁複細節。墓靠聖壇那一側的金箔雖然已經被撬走，卻仍高踞在環形殿之上，也依舊閃耀著冷漠與疏離的光芒。

墓的上方是鍍金與青銅製的國王棺蓋雕像，雕像出自英國金匠托瑞爾之手，面容溫和、脆弱但頗有王者之風。棺槨太高，以至於從環形殿迴廊幾乎看不見棺蓋雕像，甚至從聖壇也不容易看到。這尊雕像幾乎有種類似墓葬藝術中埃及人的特質，創造出如此奢華的美，卻似乎不在意到底有沒有人想到它。委託托瑞爾替父親製作棺蓋雕像的亨利之子愛德華一世，之後又再度召喚托瑞爾替自己的妻子——西班牙卡斯提爾的艾琳諾——製作棺蓋雕像。艾琳諾的雕像更為精緻，是西敏寺中世紀墓中最美麗的肖像之一，而且很容易就能從聖壇區看見，只不過艾琳諾的墓隱藏在一排裝飾華麗的鐵架後方，與環形殿迴廊隔絕。此舉標示出聖壇演變的開端，之後的聖壇區逐漸做得較為隱蔽，轉向教堂內部，同時進展到作為王室墓葬禮拜堂這第二項功能。

接下來葬於此處的有愛德華一世，他的墓以樸實的黑色大理石做成，頂端沒有棺蓋雕像。埃諾的菲麗帕王后放在雪花石膏製成的墓裡供人憑弔，她丈夫愛德華三世則放在鍍金的青銅墓裡。他的容貌有著嚴肅、古典的貴族氣息，一般人很難相信這尊像比托瑞爾的作品遲了幾乎一世紀，

就在愛德華一世把他妻子——卡斯提爾的艾琳諾——的墓，放在他父親亨利三世的墓旁的同時，他也開啟了將聖祠區變成王室陵墓所在地的一連串過程。托瑞爾在艾琳諾王后的棺蓋雕像中，將理想化與自然主義合而為一。

反而會以為這兩者製作的時間順序是相反的。在王后波西米亞的安死後，理查二世在自己還在世時，就替他們倆準備好陵墓。好在如此，因為亨利四世沒多久就罷黜理查二世。亨利四世可能不希望自己的墓和被他推翻的那人太靠近；無論如何，他長眠於坎特伯里大教堂，而且是唯一埋葬在這座教堂的國王。但他的兒子亨利五世希望能和幾位前任國王一樣，安眠在西敏寺裡圍繞著聖祠的馬蹄形上；他也下令建造自己專屬的附屬小禮拜堂，在這裡會有教士做彌撒，讓他的靈魂得到安息。於是，在西敏寺的歷史上頭一次出現了這個問題，而且之後會一再出現：空間不夠。

空間不夠的解決方式非常奇特，就是在東邊的環形殿迴廊裡建造類似夾層的空間。一座橋連接聖壇東端與現在的亨利七世禮拜堂入口。聖壇區高起的地面向東延伸，形成通往亨利七世禮拜堂的平台，環形殿東邊的墩柱被兩列石頭階梯圍繞著，階梯通往俯瞰聖壇的一個較高的禮拜堂——一個小禮拜堂在大禮拜堂裡，而大禮拜堂又在更大的教堂裡。同時，聖壇區被亨利五世的附屬小禮拜堂從東邊擠過來，西邊則是以一片厚重的石造裝飾屏風與唱詩席和聖殿隔開，此舉使聖祠區轉變為私人空間的過程圓滿達成，就很像是某些教區教堂裡貴族家庭為存放家族紀念碑而保留的小禮拜堂。十五世紀晚期，兩位幼年早逝公主嬌小的墓被笨拙地塞在兩根柱子前面，增添了一絲家庭氣息。然而這裡還是無法成為私人的追憶場所，因為它畢竟依舊是供奉聖人的聖壇。宗教改革時期聖壇被破壞，現存的上部木作構造建於一五五〇年代——這是瑪麗一世在她為期不長的天主教復興時期下令完成的短暫權宜之計。從那之後，聖壇區幾乎沒有任何改變。現在它又再次設了祭壇，上面放著祈禱小冊，指引虔誠的現代朝聖者。

這是個令人訝異的地方，不可能以照片表現，也不太容易用言語描述。圍成一圈環狀的鍍金國王與王后顯得特別罕見與奇異（在歐洲找不到任何一個雕像可以和這裡比擬）；觀者很難相信自己置身於英格蘭，更別提此地離喋喋不休的國會大廈和平淡乏味的維多利亞街道只有幾百碼之遙。雖然所費不貲，這些王室雕像的容貌並不自大傲慢或誇張炫耀，反而充滿人性。即使是亨利三世的雕像，都被當時的人形容為和他本人相貌相仿，雖然這必定是經過理想化的相似；之後的雕像和肖像畫愈來愈像：例如理查二世在墓上的臉孔，很明顯與中殿西端畫像上的相同。在往後的日子裡，許多到西敏寺的訪客，都會將中世紀的墓與較晚近那些自傲又浮誇的紀念碑做一番對照。也有許多人——尤其是在西敏寺被忽略的那幾個世紀裡——對於外面擾攘不堪的倫敦城和寧靜的西敏寺內之間的對比，深感訝異。不過，教堂內部就像個俄羅斯娃娃，不斷重複此一模式。正如西敏寺是倫敦城內一座聖潔的綠洲般，聖壇區也是忙碌擾攘的西敏寺裡靜止的一處，在此，看不見旅客熙來攘往地在下方環形殿迴廊周圍走動，他們被隔絕的聲音因此變得輕柔，彷彿是從遠方傳來的低語。聖壇有如子宮般隱密且聖潔、親近卻又富有異國情趣；它承載歷史的記憶，又充滿神祕感。它不像亨利七世禮拜堂那樣是個獨立的房間或建築物。站在聖壇的人仍舊身處教堂中，向外張望，眼光越過哥德式的柱子，就會看到在環形殿迴廊的禮拜堂裡，伊麗莎白時期的墓碑上閃爍著世俗的金色光芒；或者將目光越過詩人之隅，停留在巴洛克時期生動無比的蘇格蘭阿及爾公爵之墓。聖壇位於這充滿魔力的空間裡，與它分離但並未完全隔絕。然而，它的美感、力量與神聖性不是任何一人可以獨力設計的，而是像英國憲法一樣經由時間與偶然的意外演變而來。至少就這層意義來說，聖壇畢竟沒有那麼濃厚的外來氣息。

國王暨聖人懺悔者愛德華的聖壇，建於十三世紀，由聖殿地面鋪砌大師奧德利希或他的兒子所設計。聖壇頂端原本是一個以黃金與珠寶裝飾的「聖骨櫃」，或稱棺架，但這聖壇毀於宗教改革。現存的上部木作構造建於瑪麗一世在一五五〇年代為期不長的天主教復興時期。

第二章　亨利七世禮拜堂

就亨利三世對西敏寺重視的程度以及他投入的大量金錢來看，我們或許會很訝異興建工程進展得並不快。還有一點也令人費解，不管是教堂自己的財力，或是選擇埋葬在此的國王提供的贊助，都沒能使中殿的工程大幅進展。完成後的教堂依循之前的設計，只有稍做更動（最明顯的是不再使用菱形花紋），沒有大規模創新。一直要到都鐸王朝時期，修道院長艾斯利普才開始建造西側塔樓，亨利七世則重建了聖母禮拜堂。所有人都對亨利七世的禮拜堂讚嘆不已。亨利七世的聖母禮拜堂讓我們大為訝異的原因在於，它比西敏寺的其他部分更接近凡塵、更世俗。不過就和西敏寺諸多歷史事件一樣，這結果一部分來自設計，一部分出於意外。

在垂直風格時期設計出來的四座宏偉王室禮拜堂中，亨利七世禮拜堂是最後完成的一座，其他三座分別是伊頓公學禮拜堂、劍橋國王學院和溫莎的聖喬治禮拜堂。像個長方形盒子、又長又高的國王學院禮拜堂動工於一四四六年，簡單的形式表現了完美極致的精鍊風格。整座禮拜堂是如此完美，令人難以相信其扇形拱頂不屬於原本計畫的一部分。不過，扇形拱頂確實是之後的設計，出自華斯提爾之手，而且和亨利七世禮拜堂建於都鐸王朝同一時期。國王學院禮拜堂的許多裝飾都是都鐸王朝時期完成的。這兩件傑作使用同一種垂直風格語彙，同樣具有奢華的品味，建築技法也都很精湛，然而，兩者的空間感卻極度不同。垂直風格有時被認為缺乏多樣性，但從這兩座禮拜堂中卻可看出它的表現能力。

亨利七世禮拜堂認同十三世紀西敏寺的設計風格——即便兩者對比懸殊。雖然原本應該是一座聖母禮拜堂，亨利七世禮拜堂的內部規畫卻有如教堂般完整，不但有中殿與側廊、一扇西面大窗，甚至還有一個類似聖壇拱頂的地方。禮拜堂的多邊形環形殿仿效主要建築的形式，同樣有五個向外放射的小禮拜堂，是一個形狀複雜的內部空間，不但與國王學院禮拜堂不同，也遠比最基本的敘述文字所能表示的更為複雜。

讓我們先來看看亨利七世禮拜堂的外部。在禮拜堂的第一層樓，沒有一條線能夠筆直延續數公尺以上；側廊的牆面被分割成類似連續凹凸式的平面形狀。每一座扶壁都精巧地延伸到一座從側廊往上聳立的多邊形塔樓，塔樓上覆蓋著小圓頂。扶壁中間是一排上端為方形的外推窗，這些窗戶呈弧形，站在環形殿看像是摺過的紙一般起皺，成為往外凸出的多角形。扶壁十分搶眼，以至於我們可以將側殿看做是由堅固的塔樓和幾乎由玻璃構成的牆壁兩者交替形成的結構；然而，扶壁與窗戶卻有垂直與平行的連續格狀窗櫺，因此兩者似乎化為一體，我們也因此可以將窗戶與鑲有飾板的牆面看作是緊湊但又有連續起伏的單一表面。此種開窗法的風格帶有一股俗世的氣氛；當時有一、兩幢豪華宅邸也採用類似的形式，但是沒有任何一座教堂擁有這種設計。小圓頂上的鍍金風向儀遺失多年，二十五年前才重新裝好；它讓人心中浮現出一艘揚帆的遊艇，營造出節慶的氣氛。設計倫敦聖保羅大教堂的建築師雷恩也曾在西敏寺調查報告中寫到這座禮拜堂「展翅待飛的拱形扶壁」，他的形容似乎捕捉到了禮拜堂外部有如出航般的歡樂氣氛。從外觀上看來，這棟建築毫無疑問是座教堂，但這座教堂卻蘊含相當程度的世俗精神。

現在讓我們往裡面走。室內彷彿是一個達到和諧頂峰的整體構造；然而最近的研究顯示，由上半部看來，內部的設計有所更動。果真如此的話，亨利七世禮拜堂就與劍橋國王學院禮拜堂一樣，兩者臻於極致的設計都不是原始計畫的一部分。不過，這棟建築生氣蓬勃的節慶氣息和國王學院禮拜堂大異其趣。正如我們從外部預期的一樣，禮拜堂內部東端是透明、活潑的空間。沒有一面牆是平整的：每一寸牆都做成裝飾嵌線、小圓頂、台座或壁龕，約一百座的雕刻聖像則讓禮拜堂更有生氣。禮拜堂在建造之初必定雇用了許多位雕刻家。有些雕像的特色是高大平穩、線條流暢，還有一位雕刻名家展現出對個別人物的敏銳感受以及對帽子的喜好，這些帽子華麗的程度甚至能讓人戴著去參加英國的盛大社交活動——艾斯寇特王室賽馬會（只戴在男性頭上）。不過，注目焦點還是在屋頂，這是現存最為耀眼的拱頂。在此有必要引用歐文的高論：

> 這些牆面上整片都是精雕細琢的裝飾，以窗花格包覆，並且挖成壁龕，放滿聖人與殉道者的雕像。巧奪天工的石頭彷彿失去重量與密度，有如被施以魔法般高高懸掛在上，一個不可思議地精巧、輕盈，宛如一張穩固蜘蛛網般的結構，形成了回紋紋飾屋頂。

當然，這不是魔法；但它是如何構成的？

在垂直風格時代，英國石匠發明了兩種新的拱頂樣式。第一種是在十四世紀晚期設計出來的扇形拱頂，劍橋國王學院禮拜堂的天花板是許多人最熟悉的。然而，劍橋國王學院禮拜堂的天花板不是典型的扇形拱頂，因為它使用了橫向拱圈——也就是與牆面成直角相交、橫跨整個天花板的結構性肋筋。另一項發明是垂狀式拱頂。建築師歐查德在牛津神學院設計了巨大的橫向拱圈，石造垂飾則貫穿其間，其實也就是把懸吊在屋頂上的垂飾刻入頂篷中，垂飾裡還有小雕像。在年代稍晚、位於牛津的基督大教堂裡，設計者（或許還是歐查德）根據同樣的形式，創造出略微不同的變化。這一次橫向拱圈的中央部分消失在一連串石肋筋後方，因此支撐垂飾的方式顯得更加神祕。垂飾本身現在更長、更精緻，中間挖空，變成半透明的吊燈。

亨利七世禮拜堂的天花板結合以上這些樣式：既是扇形拱頂，也是垂狀式拱頂，還有橫向拱圈，它的生氣蓬勃部分來自於出色的綜合形式。我們幾乎可以肯定，設計這天花板的天才就是韋楚。在東端的環形殿，屋頂的扇形像花朵般開展，幾乎形成一圈邊緣鑲有皺摺的完整圓形，垂飾則從圓形向下垂吊。若從下方往上望，宛如一群觸鬚極細的水母漂浮在空中。這些圓形水母將一個星星狀的凹面八角形圍住，它的其中一角被粗大的、將禮拜堂中殿與環形殿一分為二的橫向拱圈截斷——這奧妙結構的小瑕疵，只有在東端才看得到。就和國王學院禮拜堂一樣，中殿的扇形拱頂更向外延伸，形成交叉的區段。就結構而言，垂飾是楔形拱石的延伸物，也就是構成橫向拱圈的楔形石頭之延伸。因此這種鐘乳石垂在仙境般洞穴頂端的印象，就實際結構來說倒也不全然是假的：每一個垂飾都是一根根植於上方拱頂的單獨石柱——即使它並不像表面上看起來那樣，真的是從拱頂上長出來的。它是建築上的假象。一方面因為垂飾似乎不是懸掛在尖拱上而是在扇形上，有如一顆正要落下的水滴聚積在頂端；另一方面因為垂直吊掛的垂飾看起來和橫向拱圈傾斜的位置毫無關連。儘管有鐘乳石般的效果，垂飾本身繁複的設計卻使我們無法將它們當成原本

亨利七世禮拜堂內部。其整體結構與西敏寺相仿：中殿、聖壇拱頂與有著放射狀小禮拜堂的環形殿。屋頂是扇狀拱頂與垂飾拱頂的結合體，因而產生實際上固定在橫拱上的垂飾彷彿從扇形肋拱往下垂吊的錯覺。

的石柱看待，這一點也造成了奇蹟似的氛圍。

不過，亨利七世禮拜堂的天花板作法是一項龐大的工程，不是幻象。拱頂通常由肋筋和填入肋筋中間的材料做成，這裡的拱頂卻是例外，它完全以切割成形的石塊做成。這是一種相當困難的技術，卻能結合深度切割與極其精緻的細節，藉此賦予天花板有如珊瑚硬殼般的表面。觀者很難忽略這個天花板的有機體隱喻，但這還不足以完全說明它的特色。因為這個天花板之所以出神入化，部分原因在於它將極其繁複精細的做工與強烈而流暢的整體設計融合在一起。「我想，我們錯過了這一切！」初次見到這座禮拜堂的霍桑如此寫道：「將廣泛效果與微小細節的潤飾結合在一起的技術。」

這座禮拜堂在興建之初就已融入歡樂的氣氛與炫耀的作風，但它表現出來的半世俗華麗感卻有部分源自於意外。最早的窗戶以彩色玻璃鑲嵌。內戰後，清教徒的偶像破壞者砸碎了彩色玻璃，現在的玻璃大多是無色透明的，若想重現當時的效果，就必須到如今還完好保留當時玻璃窗的國王學院禮拜堂去。事實上，亨利七世意圖將他的禮拜堂建成特別聖潔的地方，以結合聖母禮拜堂與第二個王室聖徒的聖壇這兩種功能。因為亨利七世希望能說服教宗，追封亨利六世為聖徒；果真如此的話，教宗付出的代價就太過昂貴了。假使該計畫如期實現，亨利七世將與亨利三世一樣成為建造聖壇的人——亨利七世禮拜堂的地板確實升高到和懺悔者愛德華的聖壇一樣的高度——因此兩者應該不相上下。亨利七世自己的陵墓反而變成眾所矚目的焦點，強烈地展現著世俗繁華，以至於在大眾眼裡，這座聖母禮拜堂成了亨利七世禮拜堂，好像從一開始要建造的就是他的陵墓。（最近主任牧師與牧師會試圖回復聖母禮拜堂此一名稱；但不太可能如願以償。）

亨利七世使他的禮拜堂成為各式各樣國際藝術的集合地，希望能在這方面與和他同名的先人匹敵。窗戶玻璃委託給荷蘭人佛洛爾；王室墓地周圍的屏風由杜奇曼製作——由名字看來此人有德國或低地諸國（中世紀晚期的幾個國家，位於現今的比利時、荷蘭、盧森堡與部分法國北部與德國西部）的血統；有一位以上的雕刻家可能也是荷蘭人。最了不起的外來工匠是義大利的托里吉亞尼，負責製作亨利七世與其王后約克的伊麗莎白的墓，委託者是他們的兒子亨利八世。托里吉亞尼也製作亨利七世的母親貴婦瑪格麗特波佛位於南側廊的陵墓。這幾件傑出作品已經備受世人讚譽，無須贅言，然而，在此必須特別提到坐在國王與王后棺槨四個角落上的小天使，他們展現出最純粹、最精準的佛羅倫斯文藝復興風格。在此，源自於過去的中世紀垂直哥德式風格與未來的藝術相遇，兩者在一起毫不彆扭，平起平坐。任何一位在紅衣主教沃爾西掌權時期的一五二〇年（就拿這一年來說好了）來到這座禮拜堂的訪客，一旦注意到極為自信的本土建築以開放之姿與義大利風格與文藝復興融合，可能都會信心滿滿地說，英格蘭即將發展出一種特別傑出的視覺文化，然而，這可是大錯特錯了。

第三章　文藝復興與宗教改革

完美的建築猶如最成熟的果實，往往出現在它即將掉落之前。維也納霍夫堡最耀眼的部分，當屬完工於一九一二年的皇宮建築群，就在哈布斯堡王朝崩解的六年前竣工；龐大的帝國首都新德里，建於大英帝國在印度的統治權即將永遠消失之際。而西敏寺，正當亨利七世在東端興建他的禮拜堂，下令在此舉辦一萬場彌撒以使他的靈魂安息，並且「只要這世界還存在的一天」就必須替他念祈禱文的時候，艾斯利普修道院長正在興建教堂的西端，最後終於蓋到了塔樓（雖然只蓋到屋頂的輪廓線就沒再往上蓋）。同樣謹慎安排後事的艾斯利普，是唯一一位在西敏寺裡建造自己附屬小禮拜堂的修道院長。在一份名為〈艾斯利普手卷〉的重要文件裡，後人將一五三二年舉行修道院長葬禮的情形，以文字與圖畫記錄了下來，其中有距今最早的西敏寺內部樣貌圖畫。在這些壯麗虔誠的中世紀風格圖像中，宗教改革時期的西敏寺彷彿與現今相隔千年之遙。然而，艾斯利普尚未嚥氣，舊法令已遭廢止。就在西敏寺的教士會議廳裡，下議院通過至高權法案與繼承權法案，要求教士承認國王對教會的控制權。同時，亨利八世解散修道院，破壞宗教建築，趕走他王國裡所有的修士、修女與托缽僧。新修道院長波士頓並非一如往例是西敏寺的僧侶，而是空降部隊，想必是接受國王與大臣康威爾的召請而來。一五三六年，懺悔者愛德華聖壇裡的鍍金聖骨櫃（或稱棺架）被拆了下來，雖然這位聖徒的王族身分讓聖壇的主要結構得以保存，卻因荒廢而殘破。四年後，修道院長與他的修士聚集在教士會議廳，將修道院交給國王，設立在西敏寺的修道院不復存在。

西敏寺這棟建築在一段短暫的時間裡被用於新用途。亨利八世建立了六個新主教轄區，將同樣數目的修道院轉變為主教座堂，而西敏寺正是其中之一。這也是為什麼時至今日，既有倫敦市又有西敏市的緣故。亨利八世設立了主任牧師與牧師會管理這座主教座堂，將一所學校和唱詩班團員附屬其下。雖然在一段短暫時期之內，西敏寺與聖保羅大教堂共享主教座堂的地位，但只不過短短十年後，在愛德華六世的統治下，新主教轄區就被廢止了。到了一五五六年，瑪麗一世解散了主任牧師與牧師會，重建修道院，這是她恢復天主教行動的一部分，也是天主教最短暫的治理階段——瑪麗一世於兩年後逝世。一五五九年，伊麗莎白女王再次毀壞所有宗教建築。她在西敏寺恢復的制度和她父親亨利八世的安排差不了多少：主任牧師與牧師會，以及一所附屬其下的學校。西敏寺學院將伊麗莎白女王視為創立者。這所學院後來成為英國最高級的學校之一，但它的故事不在本書範疇內，除了以下兩項重點。第一，雖然經歷一段時間的劇烈變革，有些事情依然具有延續性——例如從以前到現在，西敏寺一直都是研究與教學的場所。第二，在此地發展出一所大學校，造成西敏寺歷史上一再重演的宗教與世俗之間的摩擦。就從這個時候起，男學生吵鬧不休、甚至可說是野蠻的行徑，使得教堂建築與宗教生活受損，但也更為人性化。從十四世紀開始，已經有一所學校建於西敏寺的位址上，而那時候的學生，當然並不總是乖巧文靜，雖然他們可能比往後的學生來得有紀律。十八世紀的西敏寺學院男學生打算毀壞加冕王座，此舉嚇跑了華爾波，讓布萊克深感困擾。一直到維多利亞女王時期，仍有學生以迴廊裡一場赤手空拳的打鬥，驚擾了四位殖民地主教的授任儀式。

十六世紀中期是西敏寺歷史上最擾攘不堪的一段時期，基於這個理由，此時的藝術成就也最為貧瘠。伊麗莎白學院的創立挽救了這棟建築物，但它還是一座位在倫敦市邊緣，大而無當的教堂。畢竟就學校的禮拜堂來說，西敏寺的確太過龐大了。隨著聖徒崇拜儀式的廢止，東翼呈放射狀的幾座禮拜堂裡也不再有人做禮拜。不過，大家很快便發現它們的新用途：逝者的長眠之地。這些伊麗莎白晚期的墓品質不一，沒有一個能與前幾世紀的大師之作匹敵；雖然其中有些體積大得多。舉例來說，沒有哪個國王的紀念墓碑，像薩默塞特公爵夫人安的墓碑那樣高大俗麗。其中最誇張的是朝臣兼行政官員杭斯頓大公，他的墓是西敏寺裡最高的，毫不掩飾地歌頌凡塵俗世，墓上沒有任何凡人形象或宗教內容。杭斯頓大公的墓並不粗糙或拙劣，而是華麗地展示家族紋章、鍍金與各色大理石，在同類的墓之中品質最高；但即便有成列的古典列柱、勝利紀念碑與方尖碑，杭斯頓大公的墓無疑仍帶有地方氣息，是遠離歐洲主流文化之下的產物。

伊麗莎白時代的視覺藝術和文學之間有著驚人的差異。此時的藝術是如此地古怪稚拙，詩作成就卻又如此之高。如果我們到倫敦市內的聖海倫主教門教堂去，將找到一座比西敏寺裡同時代所有作品技巧都更成熟的墓，也就是葛瑞斯漢爵士的紀念墓碑。葛瑞斯漢爵士住在歐洲大陸，是商人兼外交官。他的紀念墓碑上同樣沒有人物雕像，卻成功融合了年代久遠的包袱以及文藝復興時期那種受階級控制的鮮明特質。葛瑞斯漢爵士的紀念墓碑提醒了我們，十六世紀晚期的西敏寺只是倫敦的眾多教堂之一，並不在城市紋理的中心；它做為逝者長眠之地的特殊優勢是空間夠大。數世紀以來，西敏寺裡的墓與英格蘭最好的紀念墓碑不相上下或凌駕其上，但現在卻不能如此斷言。王室的墓是特例，但要等到十七世紀才開始再度興建。在接下來的幾個世代，西敏寺雕像的歷史將重新占有一席之地，將再次找尋在亨利三世與亨利七世統治之下，它曾經展現的與歐洲核心之間的連結。

碰巧，十七世紀早期西敏寺內的英國雕刻家很少。伊佛斯漢被視為他那個年代最優秀的英國雕刻家，此一殊榮頗類似溫布敦網球賽中的最佳英國球員（英國球員自一九三六年以來都沒得過冠軍）。有些人認為，紀念當時英國法官克魯獨生愛女茱麗安娜的淺浮雕是他的傑作，在這件令人動容的作品中，家人圍繞在臨終臥床的茱麗安娜身邊。但是，這件淺浮雕描繪的家庭畫面雖然充滿溫情，情緒卻不夠強烈，個人也特色不夠，不足以證實是伊佛斯漢的作品。比伊佛斯漢晚半個世代的雕刻家史東製作了好幾個西敏寺的紀念墓碑，其中最赫赫有名的大概是政治家荷斯的坐像。這尊坐像以佛羅倫斯梅迪奇禮拜堂裡的一座米開朗基羅雕像為範本，把義大利文藝復興時期作品的影子帶回了西敏寺。史東的西敏寺紀念墓碑評價不一（二十世紀英國藝術史學者佩夫斯納對它大表讚揚，多少有些出人意表），但無論如何，他最優秀的作品不在這裡。這裡最迷人的委託作品出自外國人之手，包括低地諸國的寇特與柯爾，法國的勒舒爾以及義大利的法奈利。

一六〇三年，詹姆士一世繼承了伊麗莎白女王的王位，就是這女人下令將他的母親蘇格蘭女王瑪麗一世斬首。詹姆士一世以非常體面的方式紀念此二人。伊麗莎白的陵墓位於亨利七世禮拜堂的北側廊，由寇特製作的棺蓋雕像捕捉了她的人格特質與強悍的性格。瑪麗則長眠於禮拜堂南邊的相對位置；她的陵墓一開始由柯爾製作，但那尊美麗的棺蓋雕像可能出自柯爾出生於英國的兒子威廉之手。對她命運所發出的不平之鳴，則以拉丁文詩句刻在大理石棺上。這兩座紀念陵

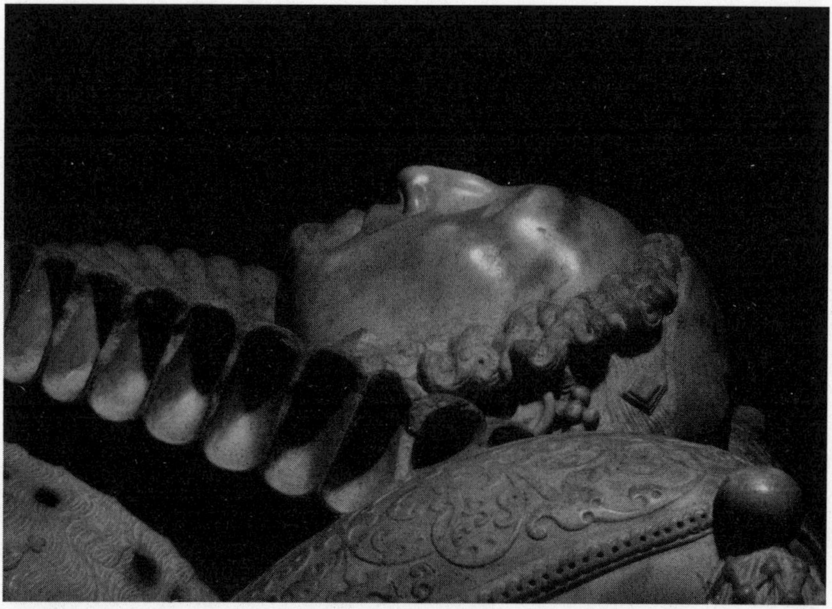

十七世紀初的王室之墓恢復了西敏寺國際性、無國界的特色。由寇特製作的伊麗莎白一世（逝於一六〇三年）橫臥棺蓋雕像，生動地表現出她的個性。

墓的對稱安排一直讓後人感到饒富意味。歐文提及此事時表示滿意，然而他的見解卻未必正確，「伊麗莎白之墓的壁面，不斷迴盪著從她敵人的墓發出的同情嘆息聲。」無論如何，此一對稱安排可以有更和平的解釋——這兩個生前從未見面的女人在死後團結一致，地位平等。此外，天主教徒的血腥瑪麗與她同父異母的新教徒妹妹伊麗莎白共處一墓，這是另一種結合的形式。地板上刻有一段現代的墓誌銘，請我們記住所有那些信念不同、因其信仰而死於宗教改革的人。伊麗莎白女王與蘇格蘭女王，伊麗莎白一世與血腥瑪麗——西敏寺自此開始它擔任（套句十九世紀歷史學家麥考利的話）「和解殿堂」的任務。

由於詹姆士一世在此安置了兩個死於襁褓時期小女兒的紀念墓碑，他也將私人家庭生活的氣息帶入了亨利七世禮拜堂。然而，她們並不是最先在此長眠的王室嬰兒，我們在懺悔者愛德華的聖壇旁已經見過兩個小墓；但之前的兩個嬰兒沒有塑像。令人意外的是，瑪麗公主的棺蓋雕像手法相當稚拙，英國任何一個市集城鎮的教區教堂裡都可以看到這類雕像。出生幾天後就夭折的蘇菲亞公主則較為美妙地受人緬懷，她的銘刻文字值得一讀：

Sophia rosula regia praepropero fato decerpta et Iacobo magnae Britanniae Franciae et Hiberniae regi, Annaeque, Reginae, Parentibus erepta, ut in Christi Rosario reflorescat, hic sita est...

（王室的蓓蕾蘇菲亞，早夭的命運將她從雙親——大不列顛、法國與愛爾蘭國王詹姆士和王后安——的身邊摘除，她將重新在基督的玫瑰花園綻放，長眠於此……）

「Rosula」小玫瑰或玫瑰花蕾，是拉丁文中表示暱稱的語詞，帶有口語的特性。它替小嬰兒的紀念墓碑平添一絲親密的家庭氣息。這段紀念墓誌銘插在中間，美好的花蕾巧喻被一長串響亮的正式王室頭銜打斷（包括宣稱擁有統治法國的權力，英國王室好幾世紀以來一直提出此種聲明，最後變得荒誕不經），只有在將她世間的嬰兒時期與在天堂的生活連結在一起的詞句裡，墓誌銘才再次回到正題。

唯有將實體的陵墓與上方銘刻文字的意義都考慮在內，才能呈現蘇菲亞公主之墓高低起伏的效果。這是西敏寺裡最引人追憶的一座墓，它以雪花石膏做成搖籃形狀，刻工與顏色都十分寫實（佩夫斯納不知何故乖張地抱怨道，這塑像是個「大有問題的奇想」），寶寶戴著無邊小圓帽的頭，從被褥中露出來。除了各式各樣的裝飾與腳上掛的王室往生者菱形紋章飾牌之外，這尊雕像看起來和普通的小寶寶並無二致。墓誌銘與雕刻的結合，表現出了將特殊與普遍、高貴王室與可憫百姓融為一體的感覺。

我們已經看到，亨利七世意圖建造一座與亨利三世相匹敵的聖壇。他並沒有如願；但詹姆士一世迅速地將亨利七世禮拜堂變成第二個王室墓地，和懺悔者愛德華周圍陵墓的排列順序一樣（令人訝異的是，不管是詹姆士一世或在他之後葬於此地的任何一位君王，都沒有人蓋任何形式的紀念墓碑）。亨利七世禮拜堂已經成為王室專屬的禮拜堂。白金漢公爵威利爾（一五九二年—一六二八年）的墓不太算是例外，這位遭人暗殺的王室寵臣，理應在教堂占有一席之地。高貴而正式的公爵與公爵夫人青銅像（由勒舒爾製作）躺在一起；上方是他們虔誠跪地禱告的孩子們，由另外一位雕刻家以石頭刻成。不同風格與材質之間形成的對比，將公眾與家庭的感覺融合在單一紀念墓碑中。一直要到十八世紀初期，一位沒有血緣關係的白金漢公爵——薛斐爾，二次分封的首任白金漢公爵——才毅然決然地打破了王室獨占葬於亨利七世禮拜堂的權利，將他巨大的紀念墓碑砸入牆的表面，消滅了三座原本位於該處的雕像和旁邊的裝飾。其紀念墓碑上刻著極端傲慢、目空一切的宣言：「Pro Rege Saepe Pro Republica semper（此處經常獻給國王，但永遠獻給國家）」。但即便薛斐爾也是個例外：他留下的寡婦是詹姆士二世的私生女，此一事實有可能造成差別待遇，其他重要的巴洛克紀念墓碑都去了別處。在此同時，西敏寺其餘空間依然保持私人與平凡的性質。也就是說，即便沒有顯赫名聲，還是可以埋葬於此，受人紀念。諾森伯蘭公爵一家人甚至到今天都還保有長眠於西敏寺的權利——當然，他們不能算是平民百姓，但就當時的埋葬地點而言，西敏寺不過是眾多倫敦教堂之一，而這家人將此一慣例延續至今。

十七世紀中的西敏寺歷史，幾乎與一百年前一樣擾攘不安。新教徒威廉斯於一六二〇年至一六四四年擔任總鐸，他和下屬高派教會牧師勞德之間的爭執，是在西敏寺內上演的英格蘭教堂鬥爭之縮影。勞德後來成為坎特伯里大教堂的樞機主教，而威廉斯依序擔任林肯教堂的主教和約克教堂的樞機主教，並在那段期間內的大部分時間裡繼續擔任司鐸。這兩位彼此對立的樞機主教都在英國歷史上留名，也都在那動亂的年代中，時而得意時而失意；兩人還曾一度同時被囚禁在倫敦塔裡。內戰對西敏寺造成的破壞更甚於宗教改革，祭壇、彩色鑲嵌玻璃、管風琴和王冠上的珠寶全被砸碎或搗毀。主任牧師與牧師會再度被撤除，取而代之的是長老教會律令，且留下一兩個奇特的場景：克倫威爾登上加冕王座與加冕之石，任命自己為護國主，不過此任命儀式不是在西敏寺舉行，而是在國會大廈的西敏廳；克倫威爾後來被葬在亨利七世禮拜堂，和其他國王一起。在天主教復興時期的一六六〇年，英國國教律令重新抬頭。一段過渡時期的回憶保留了下來。一六四〇年代，長老教會神學大會有五年都在西敏寺的耶路撒冷會議廳（與教堂西端相連的廳堂，現在是總鐸區的一部分）與亨利七世禮拜堂裡集會——就在基督教世界最華麗的屋頂下方，周圍有一百位天主教聖徒往下望著與會教士。他們在這兩處制訂「西敏寺大教義問答」、「西敏寺小教義問答」和「西敏寺信仰宣言」。也因此，歷史古怪地把西敏寺的名稱給了各種長老教會的機構，美國密蘇里州的西敏寺學院——邱吉爾首相在此發表他著名的「鐵幕」演說，就是其中之一。

種種興衰交替之際，直到維多利亞時期之初，西敏寺這棟建築為人所忽略。十七世紀末，教堂修繕的需要逐漸浮上檯面，主任牧師與牧師會指派雷恩爵士為總建築師。他和繼任的狄金森完成了第一次主要的外部重建工程，使教堂不致倒下；但是在內部，或至少教堂東邊的部分，可說是被無情地荒廢了，而且惡意毀壞地相當嚴重。王室與歷史的記憶遭到如此極度的漠視，令人不解。男學生拿理查二世的下顎骨在側廊裡打架，最後某個學生還把它偷走。最不可思議的是亨利五世王后法蘿瓦絲的凱薩琳的命運。她原先葬在聖母禮拜堂（她丈夫身邊已經沒有空位），但骸骨在亨利七世的重建工程中被掘出，之後再也沒有重新埋葬。好奇的人可以付錢來看她，派皮斯就是其中之一。這男人發現西敏寺是個絕佳的幽會場所，他在此經歷了一場比較像是毛骨悚然的調情經驗：「於此，我們有幸見到法蘿瓦絲的凱薩琳王后，並將她的上半身捧在手裡。我真的吻了她的唇，吻的時候思忖著，我的確吻了一位王后，這就是我的三十六歲生日。我真的頭一次吻了一位王后。」十八世紀的男學生把他們的名字刻在墓上和加冕座椅上，往後的參觀者為此憤慨不已。據記載，有個男孩說他曾經在加冕座椅上睡了一夜——他在上面度過的時間必定比任何一位國王都來得長。歐文驚呼「某些男孩的天性是如此輕浮的可怕」，以及王室陵墓「覆蓋著粗鄙與侮辱的言語」的景象。然而，某部分的歐文卻樂見此類褻瀆行為，因為這證明他的論點無誤，如雪萊的十四行詩〈奧茲曼迪亞斯〉所言，對教堂的毀壞正顯現出世俗榮耀乃是過眼雲煙。霍桑抱持更為挖苦的態度，認定他的同胞應該把加冕王座製作得更好，「有好大一部分……被人用小刀刻上姓名縮寫，就像那些美國佬的行徑；只不過它不會愈削愈薄，就像是它的命運掌握在我們手中一樣。」

我們不禁懷疑，這種冷漠無情的態度是否緣自於審美觀的改變？是否對中世紀藝術的嫌惡導致了如此的忽視？問題的答案並不單純。艾弗林是當時的建築權威之一，他的態度無疑十分直截了當。他先解釋了哥德建築是蠻族的輸入品，源自於北方的哥德人與汪達爾人，還有南方與東方的摩爾人與阿拉伯人，接下來則繼續宣稱，他指望「任何有判斷力、有最起碼的秩序與莊嚴品味的人」同意他的觀點。這樣的人絕不會心存疑慮：

> 如果他花上一段時間檢視西敏寺的亨利七世禮拜堂；盯著它尖銳的角度、凸出物、狹窄的光線、缺乏力道的雕像、裝飾花邊和其他鏤空雕刻與彎彎曲曲的牆面皺摺；在這之後，他再將目光移至建築師瓊斯依循古典風格所建的國宴廳，或陛下現任總建築師雷恩爵士最近在聖保羅大教堂的翻新工程；想想看這些呈現在觀者眼前精心設計的小圓頂、柱廊、列柱和其他（雖然尚未完工）部分，是多麼壯麗輝煌……

最後，艾弗林將英國較大的教堂歸類，以西敏寺為首，一一點名指出不合宜的教堂：「目睹……西敏寺、坎特伯里大教堂、索爾斯伯利大教堂……」（後面還有一長串教堂名稱）「並且將它們（這些教堂幾乎數也數不清）和僅此一座的羅馬聖彼得大教堂相比。」

雷恩爵士在被指派為總建築師之後，在描述西敏寺時提出類似的評語：「在將希臘羅馬建築摧毀後，高盧人和汪達爾人引進……某種奇幻而放蕩的建築風格，我們稱之為近代建築或哥德式建築——它的雕刻極盡繁複、過度追求表現，充斥著浮凸紋飾與煩悶愁苦的圖像，為此不惜費盡心思與金錢……」。「充斥著浮凸紋飾與煩悶愁苦的圖像」語帶貶意，唯有了解巴洛克形式中的模稜兩可，才能參透其中意義。「浮凸紋飾」（fret）指的當然是浮凸紋飾的雕工，交錯的雕刻花紋，但是放在這前後文脈絡裡，它也暗指煩躁不安，意義與浮雕紋飾無關。「煩悶愁苦」（Lamentable）則是與前一個字的情形相反，它是從隱喻轉為字面意義：這個字主要的意思是「品質低劣」，而西敏寺的確到處可見愁苦的肖像。「辛苦」（Pains）與「金錢」（cost）接續了這矛盾的語意。

在近代早期，哥德式建築顯然尊嚴盡失。但情形也不該過於誇大，至少在英國本土不能如此。英國人從未完全喪失對哥德風格的熱愛，從十二世紀到二十世紀，每個世紀都有以哥德風格建造的主要建築物。比歐洲北部任何一座中世紀教堂都更龐大的利物浦大教堂，遲至一九〇四年才開始興建，而且就在此時，旅居海峽對岸的英國人已經確認了一件事：擁有最多超大型哥德教堂的城市不是巴黎、盧昂或倫敦，而是紐約。雷恩自己正準備設計能與其他舊建築和諧搭配的哥德風格，例如牛津的基督教堂，或者是他替西敏寺塔樓設計但尚未付諸實行的平面圖；若將這位十七世紀現代主義者的靈活特質，與他二十世紀幾位繼任者做一番對照，將會十分有趣。

最起碼，對亨利七世禮拜堂的讚美聲從未間斷。十六世紀末住在英國的德國人普雷特，在眾多教堂之中唯獨仰慕這座禮拜堂和它的屋頂。哲學家培根聲稱亨利七世葬於「不管就禮拜堂或就墳墓而言，都是歐洲最高貴而優雅的紀念墓之一」。歷史學家豪威爾在《倫敦城市史》（一六五七年）中談到，「一座令人讚揚的人造優雅禮拜堂；我們可以說，一切可能被設計出來的奇異而精美的做工，都濃縮在這裡。」艾弗林對哥德建築不遺餘力的攻擊並不常見，即使是雷恩，都承認亨利七世禮拜堂是「精雕細琢的優秀之作」。與艾弗林和雷恩同時代的虛構人物，十七世紀末諷刺作家華德所著《倫敦間諜》一書中的敘述者，據稱是個來到城裡觀光的鄉下人，他狂喜地形容「這座禮拜堂贏得全世界的景仰，當之無愧，如此無可匹敵的完美做工，在整棟建築的每一個角落都顯而易見，它超越了人類目前為止的成就，我們會認為它是天使依循全能上帝的指示，用手指編織而成的。」此番溢美之詞，足可媲美歐文對西敏寺的讚譽。

亨利七世禮拜堂當然是個特例，但還有諸多證據顯示，英國人對中世紀教堂的廣泛喜愛依

亨利七世禮拜堂外部。整片堅固的石造格狀結構，將形狀複雜而起伏的窗戶下半截與窗戶之間的塔樓結合在一起。雖然艾弗林強烈譴責禮拜堂「尖銳的角度……裝飾花邊和其他鏤空雕刻與曲折起伏的牆面」，但雷恩卻承認它是有著「飛扶壁」的「精雕細琢之作」。

然揮之不去。雷恩的兒子提到，他父親替聖保羅大教堂所做的設計「旁人並不完全理解與喜愛，他們認為它太過偏離以往哥德大教堂的樣式，而他們在這國家已習於見到並欣賞該樣式。」事實上，後來雷恩建造的教堂比他最初的設計更近似中世紀大教堂，就算不看樣式，就平面圖而言也是如此。他放棄了原本集中式空間的想法；反之，聖保羅大教堂是十字形平面圖，有長長的中殿與唱詩席，高聳的中殿兩邊是側廊，甚至還有飛扶壁，雖然這些飛扶壁隱藏在一面虛設的牆裡，只有從上方才看得到。在崇尚古典風格的幾世紀裡，陰森森的哥德教堂才是最恰當的莊嚴聖地，這概念在英國一直縈繞不去。因此詩人彌爾頓在〈沉思者〉中寫到：

但且務必讓我期盼的雙足
漫步在昏暗的虔誠迴廊上，
以古代石柱為沉重的證明，
顯示我對高聳弓形屋頂的喜愛，
透過一層層裝飾華麗的窗戶，
撒下朦朧的宗教之光。

彌爾頓是倫敦人，他寫這段詩句的靈感或許大多來自舊的聖保羅大教堂與西敏寺，再添上那麼點劍橋的影子。

哥德風格能維持其特殊神聖的光環，還有其他原因。英國的宗教改革伴隨著兩個藝術現象：

宗教雕像或公眾雕像的消失（墓葬雕像除外）；以及教堂興建幾乎完全中斷。墓地雕像當然是在教堂內，但眾人發現它獲得一種新的世俗氣息。「我們是否影響了墓地的樣子？」十六世紀劇作家韋伯斯特筆下的馬爾菲女公爵問到，而管家波索拉回答：

> 絕對如此。這些君王在他們墓上的容貌不會說謊，像他們生前慣常的那樣；他們外表看起來彷彿在對天堂禱告，但他們的雙手放在臉頰上，好像死於牙疼似的——他們的眼睛並沒有被雕刻成凝視天上繁星，而像是一心嚮往俗世，正如同他們把臉別開，不看上天的樣子。

如此抱怨將會在十九世紀一而再、再而三地被大聲提出，有趣的是，我們發現它早在十七世紀就已經出現了。但即使古典形式當時已可見於教堂裡，這些雕像還是被拿來與建築物的神聖功能一別苗頭，而不是強化其功能。

宗教雕像付之闕如是宗教改革的直接結果。膜拜聖人現在被譴責為迷信行為；他們的形象或許能被容許，或許不能，但絕對不會有人委託製作這樣的雕像。在十六世紀後半葉，光是為了亨利七世禮拜堂製作的宗教雕像，可能就比整個英國的雕像還多。一六六六年的那場大火導致了倫敦市的教堂建築在大火之後數量遽增，其中大多由雷恩所建，而十八世紀擴建倫敦市時，有更多教堂蓋在城市邊緣。然而，在一五五〇到一六六〇之間建造的教堂非常稀有。在這段期間，文藝復興的世俗風格已然確立，顯要之人可以藉此展現富貴榮華，也因此讓英國人產生了尖拱具有特殊宗教意義的想法，並一直保留著這種概念，與義大利或中歐大不相同。即便在鑑賞家認為哥德式是藝術劣等品的年代，眾人依舊尊崇它的氛圍與相關聯想。豪威爾在克倫威爾攝政的十七世紀中期寫到，西敏寺「一直以來都是這整座島上最宏偉的殿堂與虔誠祈禱的集會場所」，此地似乎能「在觀者心中引發一種神聖之情與感人的虔敬之心」。華德在十七、十八世紀之交所寫的《倫敦間諜》書裡，「無法不以敬畏與驚異的目光注視這高大建築物的外觀」，以「同樣的驚奇與滿意」看著這座「宏偉殿堂」內部，並且從禮拜的樂音中產生「對世間不朽祝福的體驗」。十七世紀中期，愛爾蘭政治家柏克向西敏寺走去，「進入教堂的那一剎那，我感覺到一股敬畏之情遍及內心，我無法形容這感受；那無比的寂靜彷彿是神聖不可侵的。」一事到如今，有另一種半神聖半世俗的敬畏之情在這座教堂中累積，因為在這之後，西敏寺演變為一座顯赫死者的萬神殿。

第四章　逝者的殿堂

在歌舞雜技劇中，有首曲子叫做「我飾演馬克白的那一晚」，其中一段是有人呼喚作者：

「但他在那座教堂裡」——
接著有個衣衫藍縷的人
暗示那就是我的所在地。
莎士比亞死了嗎？親愛的老比爾？
咦，我根本不知道這可憐的傢伙生病了。

事實上，莎士比亞並沒有葬在西敏寺，那裡只有他的雕像，然而「這座教堂」（無須指明是哪座教堂）是個墓地的事實，已經根深柢固於一般大眾的認知裡，以至於就連不知道莎士比亞是誰的人，大概也猜得出他在那裡幹什麼。確實，就埋葬在西敏寺的知名人士數量、多樣性和差異性來說，沒有其他地方比得上，也沒有其他地方能在一段跨越了如此之久的漫長時間內，一直是聖賢偉人的埋葬地。從十一世紀到二十世紀，每個世紀都有知名人士葬於西敏寺。其中包括了超過二十四位英國或不列顛國王與王后，和最有名的蘇格蘭君王——蘇格蘭的瑪麗女王（根據墓碑上的記載，她同時也是法國的王后）以及「冬王」波西米亞國王腓德烈特五世（他在位僅僅一個冬天，因而得此稱號）的妻子伊麗莎白王后。在喬治二世和他的直系親屬之後，沒有任何英國王室成員被埋葬在西敏寺，不過倒是有一位法國王后（路易十八被放逐的王后露薏絲，之後她被重新安葬在薩丁尼亞島）。法國最後一位國王路易斯菲利普則是出錢替他弟弟蒙特邦席耶公爵建造了一座華麗的陵墓。拿破崙三世的兒子拿破崙四世死於英法兩國爭奪非洲的戰役，維多利亞女王希望能在中殿為他設立紀念碑，卻遭來詩人史文波恩寫了一首尖酸刻薄的十四行詩；到頭來他被葬在溫莎的聖喬治教堂。北翼廊地上有一塊寫著「西奧多勒斯・巴列歐羅吉，一六四四年」的石板。巴列歐羅吉是拜占庭帝國末代王朝的名字，這位西奧多勒斯・巴列歐羅吉的長子是另一位西奧多勒斯・巴列歐羅吉的長子。老巴列歐羅吉葬在康瓦爾的一個村子裡，墓碑說明了他的出身：「希臘最後一位基督教皇帝」。喜好浪漫幻想的人，或許可以好好玩味一下「西敏寺也有奧古斯都與君士坦丁大帝的後代，一位正統的拜占庭皇帝」這樣的想法！

英國君王在許多不同的國家找尋王后或王夫。其中長眠於西敏寺的，有來自於現今的法國、西班牙、比利時、荷蘭、丹麥、德國與捷克等國的人。但除了這些王室配偶，居然還有那麼多來自世界各國的人埋葬在此地，令人吃驚。例如來自法國的古典主義學者卡索邦（生於瑞典）、文學批評家聖艾弗蒙，以及蒙特邦席耶公爵；來自德國的作曲家尼勒、韓德爾與沙羅蒙；來自義大利的作曲家克萊門蒂。法國人全都是因為政治或宗教因素被迫流亡（否則還有什麼理由能讓一個法國人離開法國？）；其他人則因為喜歡英國而留下來。至於來自英國自治領的人，加拿大以一九二三年當選總理的伯納爾勞為代表，南非是德布蘭克（他是反對並見證種族隔離政策的開普敦樞機主教），澳洲是莫瑞（古典主義學者）和麥凱（在最近一次加冕典禮負責掌管西敏寺音樂的音樂家），紐西蘭是諾貝爾化學獎得主拉賽福。雖然也有美國人葬在西敏寺，但沒有知名人士；詹姆士與艾略特都逝於倫敦，兩人雖然都有紀念碑在詩人之隅供人緬懷，卻非長眠於此。

在西敏寺安息的人，成就高低並不相等。以下是一些例子：

政治家：伊麗莎白一世、查塔姆伯爵（老皮特）、福克斯、小皮特、格萊斯頓（有許多位社會黨黨員葬在北側廊：席德尼與比雅翠絲韋伯、貝文，與最近一位葬在西敏寺的英國首相艾特里）。

詩人：喬叟、斯賓賽、波蒙特、德雷頓、岱文南、德萊頓、普萊爾、坎貝爾、丁尼生、白朗寧。

文人：康登、艾迪森、約翰生。

劇作家：強生、康格里夫、蓋伊、謝雷登。

小說家：卞恩、狄更斯、哈代、吉卜林。

演員：歐菲爾德、布蕾絲格德、蓋瑞克、歐文、奧利佛（《英國國家人物傳記大辭典》中曾提到，蓋瑞克是最後一位葬在西敏寺的演員，此話暗示葬在西敏寺的條件已經愈來愈嚴格，容不下區區一名演員。但多變的時代替他洗刷了這個恥辱）。

作曲家：來自歐陸的韓德爾與克萊門蒂，以及包括普賽爾在內的數位優秀英國作曲家：勞斯、布勞、克羅夫特、席爾德、班奈特、史丹佛、佛漢威廉士、豪威爾斯。

歷史學家：哈魯特、克拉倫登、麥考利、瑟沃、葛羅特。

建築師：錢伯斯、亞當、偉特、史考特、皮爾森、康普。

宗教聖人與英雄：懺悔者愛德華、貴婦瑪格麗特波佛、李文斯敦、史丹利總鐸。

騙子：「老裴爾」（也就是湯瑪士裴爾，死於一六三五年，據稱享年一百五十二歲，但他死後有位醫生解剖他的遺體，發現他其實只活了大約七十歲）和麥克佛森，當時人認為他發現了詩人歐西安是一系列蘇格蘭古詩的作者，並翻譯其作品。兩人都被葬在南翼殿，與詩人和歷史學家葬在一起。

軍人：這裡有各式各樣的人，在中世紀有愛德華一世。過去兩世紀以來偉大的將領大都葬在聖保羅大教堂，不過特倫查德子爵與道丁男爵葬在東端的英國皇家空軍禮拜堂。葬在亨利七世禮拜堂的克倫威爾和十七世紀知名海軍上將布雷克，雙雙在王政復辟時期被挖出來，趕出西敏寺。伍爾福將軍是西敏寺受人追憶的軍人中最有名的，紀念碑也最龐大，但他埋葬在格林威治。而歷史上最聲名狼籍的敗將之一——一七七七年在紐約州薩拉托加被擊潰的博格因將軍，則謙卑地長眠於迴廊。

科學家：非常傑出的一群人，包括八位有史以來最知名的科學家：牛頓、杭特、荷塞、萊爾、達爾文、湯姆生、凱爾文男爵、拉賽福。

這只是列出長眠於西敏寺的人士，如果再加上那些在此有紀念碑的名人，這份名單將會無限延伸，讓西敏寺遠遠超越其他紀念堂。當然，設立紀念碑非常容易——任何人都可以刻一塊匾額，可是你只能埋葬在一個地方（當然這也不一定；在中世紀，僅埋葬遺體的一部分是很常見的情形。距今年代更接近的自然主義小說家哈代的心臟就被葬在多塞特郡，離他的身體其他部分有

GEORGE FREDERICK HANDEL Esq.r
born February XXIII. MDCLXXXIV.
died April XIV. MDCCLIX.

胡比利亞可所建的韓德爾紀念碑，這是他在西敏寺的最後一件作品，將英雄主義融入真實而具個人特色的塑像。作曲家韓德爾手裡拿著的樂譜，分毫不差地從神劇彌賽亞的一行歌詞「我知我救贖主活著」編寫而來。

好幾百公里之遙，而蘇格蘭傳教士李文斯敦的心臟還留在他去世的地點——非洲。不過基本原則是如此。）

幾年前，英國工程協會在《泰晤士報》上刊登了一則廣告，抱怨英國這國家的問題在於它不夠尊重工程師：「為什麼西敏寺裡沒有工程師之隅？在英國，我們關心詩歌的程度向來超過藍圖……有多少學校的孩童夢想成為工程師？」此種現象惹得二十世紀英國詩人蔻普寫下一首令人難忘的諷刺詩，把備受嬌寵、開著德國戴姆勒車的詩人，和在陰暗閣樓裡與破銅爛鐵為伍的工程師相比，

> 不能奢望在西敏寺裡擁有一座雕像，
> 甚至不能奢望，擁有一座最起碼的半身胸像。

但是，如果工程協會願意移駕到西敏寺參觀，他們會發現自己的職業在此備受禮遇。而他們之所以無法占有一個角落，是因為他們擁有一整個側廊。在沿著中殿北邊的一排彩色鑲嵌玻璃上，排成一列的知名工程師在此受人紀念（此外還有匾額與雕像）。西敏寺在尊崇偉大人物這方面，心胸是很開闊的。

然而對大多數人來說，西敏寺與其是國王御用的場所，不如說是詩人長眠之地。雖然這種觀念確實很普遍，但事實上，此觀念有一部分乃是誤解，因為即便有好幾位偉大的詩人與一些還不錯的詩人確實被葬在詩人之隅，但大部分在此受人緬懷的作家，他們的墓卻在他處——其中最顯要的就是莎士比亞與彌爾頓。正如西敏寺諸多歷史事件，詩人之隅似乎一開始也是出自意外，之後才逐漸自行演變，宛如非人為過程般地往下發展。喬叟於一四〇〇年被埋葬在東側廊，但並非因為他是詩人，據說是因為他曾在西敏寺擔任國王的工程總監。原本喬叟只有一塊鉛製匾額供後人追思，直到一五六八年才有一位仰慕者委製了現在的紀念碑。接著，在一五九九年，斯賓賽安葬於同一個側廊的南端。雖然他曾寫了一段向喬叟致敬的名言——「喬叟，英國一口潔淨的井」——但他之所以葬在這位偉人附近，可能只是一場偶然的機緣；斯賓賽死於國王街時窮困潦倒，被葬在附近的教堂。和喬叟一樣，斯賓賽最初的墓很簡單，二十年後才由一位仰慕者增設紀念碑（現存的紀念碑是十八世紀的複製品）。劇作家波蒙特於一六一六年葬於此地，他的弟弟約翰，一位籍籍無名的詩人，於十一年之後也安葬於此——兩人都長眠在僅有銘刻文字的石板地面下。德萊頓也於一六三一年和他們葬在一起。

莎士比亞在一六一六年逝世之後，斯賓賽的門徒貝思寫了一首讚美的詩，並在詩中敦促讓斯賓賽往喬叟挨近些，而波蒙特往斯賓賽挨近些，「好騰出位子來／讓莎士比亞葬在你們三人共用——四人共用的墓中」。不過，這並不像表面上看起來那樣：他真的認同此處是詩人的偉人祠，貝思雖然沉浸於四位文學大師擠在一張床的奇想，他卻補充道，從現在一直到最後審判日，幾乎不需要在這四人之中加上第五人。也就是說，貝思並沒有將南翼殿想像成未來英國文學大師的名人殿堂；對他來說，將三位詩人的墓集中在同一個角落裡，基本上是個奇怪的偶然。劇作家強生回應了貝思或其他有相同想法的人，並駁斥將莎士比亞葬在西敏寺、藉此將他的聲名依附於一個特定地點的觀念：

我的莎士比亞，汝從墓中復甦。我不會將汝安置於喬叟或斯賓賽身邊，
或請波蒙特往旁邊靠一些，讓出位子給汝。
汝是一座沒有墓的紀念碑，
只要汝的書還流傳，就猶如汝還在人世
我們就有機智文章可讀，就有讚美的對象。

一六三七年，強生自己也安葬於西敏寺，他的遺體就在此地最平淡無奇卻也最知名的墓誌銘下方——「曠世奇才班強生」——不過他不是葬在詩人之隅，而是在中殿的北側廊。強生以直立的姿勢入土。根據一則軼聞，貧困的他懇求國王賜給他約五十公分寬的西敏寺土地；另一則軼聞則說，當西敏寺的司鐸詢問強生是否想葬在其他詩人同伴旁邊時，他回答自己太過貧窮，不能葬在這樣的地方，也不能葬在一·八公尺乘六十公分的區塊裡。如果故事可信，就表示將某個專門空間獻給詩人的想法當時正在成形；果真如此的話，這想法的力量還是不夠強大，無法讓像強生這樣一位偉大的長者在此安葬無虞。無視於強生傷感的心境，後人於十八世紀在詩人之隅替他蓋了一座碑牆，由建築師吉布斯設計，雕刻家萊斯布瑞克建造，上面依然雋刻著那知名的墓誌銘。

雖然碑牆本身十分精緻，但它簡單明瞭的設計卻減損了墓本身那難以一語道盡的特性（這種情形很像是珍奧斯汀在溫徹斯特大教堂的墓碑，它的有名在於墓碑上對珍奧斯汀寫書一事隻字不提，但上面另一塊對她的重要性大吹大擂的亮晶晶銅製匾額，卻破壞了上述用意）。

要等到十八世紀稍早，詩人之隅的概念才具體成形。葬於一七七〇年的詩人德萊頓在二十年後才有紀念碑，詩人普萊爾的紀念碑則稍晚於他。彌爾頓的紀念碑建於一七三七年，莎士比亞的是一七四〇年。一直到最後這兩位，才確立了沒有陵墓、單純為榮耀詩人而在南翼殿設碑以示紀念的想法。彌爾頓的紀念碑同時代表了一場勝利：詩的光輝掩蓋了政治與宗教苦難。約翰生的一位朋友向他描述：「我見到那男人的半身胸像設在西敏寺裡，我知曉，大家曾認為他的名字污染了西敏寺的牆。」如今，信仰羅馬天主教的德萊頓，其半身胸像立在側廊北端，彌爾頓的半身胸像則在南端。彌爾頓的半身胸像一如其人般陰沉，而他對這一切會作何感想，令人難以揣測。曾被克倫威爾聘為國務院外交祕書的他，在有生之年見到克倫威爾下令將長老教會律令強加於西敏寺，接著見到這條律令被推翻，重新恢復英國國教階級制度。然而，也正是彌爾頓寫下了這句話，「新基督教牧師只不過是說得好聽點的舊天主教神父。」他的《論出版自由》被視為是捍衛言論自由與寬容最主要的聲音之一，但他也在文章中解釋：「我的本意並非容忍天主教會以及公開的迷信。」十八世紀是一個傾向於和解調停的年代，在西敏寺內尤其如此。

似乎大約從十八世紀中期開始，教堂這一區被取了現在這個別稱。一本一七六六年出版的旅遊書上將「詩人之隅」當作一個已經確立的詞。回溯到一七一一年，艾迪森提到「詩人之域」，雖然他也注意到這裡包括「沒有紀念碑的詩人遺體，以及沒有詩人遺體的紀念碑。」一如其他那些名稱缺乏確切起源的地區——例如中土或西郡——詩人之隅的界線到底在哪裡，仍有某種程度的模糊性。看起來，詩人之隅原本似乎只選定在南翼殿的東側廊，但現在這名稱適用於整個翼殿。霍桑在某次造訪時溜進一條小巷，由一扇側門躡手躡腳走進南翼殿的他，很喜愛詩人紀念區的隱密（請注意在霍桑的描述中，「角落」這個字甚至在他還沒到達教堂時就出現了）：

> 沿著白廳與國會街往前走，經過西敏寺，你會在一條小巷弄角落的房子裡看到「詩人之隅」，出現在這棟建築物後半部的最前端。正門位於南翼殿東南端——它並不是個寬敞的拱門，而是個低矮的小門——一旦進入室內，你會見到詩人的半身胸像從牆上往下望著你。而且他們都是偉大的詩人……

一七二七年，牛頓逝世，西敏寺歷史上的關鍵時刻隨之到來，這座教堂從此成為既是偉人墓地也是紀念的場所。牛頓的葬禮場面盛大，遺體由火炬引領，運至教堂，以隆重的儀式安葬於耶路撒冷廳；大法官在前方引導，扶柩者包括貴族與王公大臣。這場葬禮比其他事件更加促使了以下原則的成立：西敏寺不應專屬於國王和詩人，它也是各領域偉大人物的長眠之處。牛頓的葬禮還建立了另一個觀念：天才應該以公開的方式、由國家地位最尊貴的人給予榮耀。

此一場面深深撼動了外地人。目睹牛頓遺體被送往西敏寺的伏爾泰寫道：「他的國人在他生前榮耀他，並且安葬他，宛如他是帶給人民快樂的國王一般。」見到作家與思想家的紀念碑「在這國家的感謝之情中」被豎立起來，伏爾泰深受感動，相信此舉喚起了英國人民偉大的情操：

「我們在西敏寺觀看他們雕像的眼光，就好像眾人在雅典觀看悲劇詩人索福克勒斯、哲學家柏拉圖與其他不朽人物的雕像一樣；我深信，這些光輝紀念碑展現出來的視野，不僅僅激發觀者雕塑出一座半身胸像而已，也是使他們成為偉大人物的因素。」伏爾泰的結論是，飽學之士在英國比在法國更受人尊崇——法國人不常做出如此聲明。同樣地，心緒受詩人之隅挑動的狄德羅宣稱：「哲學家在英國受人榮耀、尊敬，他們被拔擢為高官顯貴，他們與國王葬在一處。」稍後造訪西敏寺的普魯士歷史學者阿希霍茨，看到演員蓋瑞克莊嚴的葬禮時深感訝異。「要到何時，」他問道：「才能看到我們德國演員以此種方式受到榮耀？」伏爾泰已經注意到，英國人以幾乎和牛頓相同的盛況將歐菲爾德夫人葬在西敏寺；有人說，英國人只是為了惹惱法國人才這麼做，因為他們可鄙地對待英國當紅的女演員，但相反地，此舉卻顯示出英國人良好的見識。伏爾泰總結道，榮耀一項使索福克勒斯與尤瑞皮底斯永垂不朽的藝術，是正確的作為。

矛盾的是，有愈多偉大的遺體安放在西敏寺，就有愈多人開始抱怨這樣還不夠好。在十八世紀作家古德史密斯的書信體文集《世界公民》中，一位虛構的中國哲學家在家書中描述英國旅行的觀感，提到他造訪「英格蘭的哲學家、英雄與國王的墓地」。他瞧見一座特別華麗雄偉的紀念碑，以為那是某位偉大人物的墓。或許是國王或是制訂法律的人？不。是功勳彪炳的將軍？不。是詩人？不。那麼，中國人問他的嚮導，這個人到底有什麼過人之處呢？「噢，先生，長眠於此的這位紳士很了不起，非常非常了不起——因為他在西敏寺裡有一座墓。」接著換霍桑發牢騷，說有太多籍籍無名的人葬於此地，因而來訪的人才會不斷地喃喃自語：「這傢伙憑什麼可以躋身於不朽人物當中？」不過，這麼問就是誤解教堂的歷史，更微妙地來說，是錯失教堂歷史影響力的複雜性。

西敏寺或許是其他國家偉人祠的模範，但它不單純是一塊屬於英雄的土地。西敏寺的力量部分確實來自於與其他地方相比這裡偉大人物的遺體較多的事實，但它的力量也來自於天才的骨灰與為數更多的一群人混合在一起。伏爾泰提到牛頓的葬禮宛如國王一般；狄德羅說文人與國王葬在同一處；一座刻意建造的偉人祠雖然莊嚴高貴，但是乏善可陳，不可能激發出以上的想法。西敏寺經過一番無法事先計畫的自然演變，不僅有榮耀的功能，還有整合的功能：將個人的成就與整體社會生活結合。而這一點，在一八二〇年代設立的蘇格蘭發明家華特雕像上的墓誌銘表露無遺：在宣稱自己是其中一位「真正有恩於世」的人後，墓誌銘裡接著提到，「然而為了顯示人類已經熟知誰是最值得他們感謝的人，國王與他的臣子，以及國土中許多上議院與下議院議員，豎起這塊紀念碑……」不過這一次，國王與他的臣子做的有點太過火了。華特巨大無比的雕像坐在椅子上（熱愛哥德藝術的設計師普金譴責所有古典紀念碑，這座雕像更使他異常惱怒），之前放置在禮拜堂裡，但因太過龐大，在裝設過程中造成很大的損壞；之後雕像被移至愛丁堡並存放至今，同樣的墓誌銘則被刻在西敏寺地上的一塊石板上。

說天才和國王葬在一處還不夠，因為他們也和籍籍無名的平常百姓埋在一起。西敏寺既是一座偉人祠，也是一個普通的墓園，訪客常訝異於它的龍蛇雜處。詩人兼劇作家艾迪森觀看教堂挖掘墳地的過程，他看著教堂裡墓穴的挖掘，骨頭或頭蓋骨碎片被一劏一劏地丟出來，以此為樂。作家狄福暗示了此地如何在他那個年代逐漸轉變為墓地，他寫道：

葬於西敏寺成為一項無上的光榮，教堂內部因此擠滿了公民、詩人、船員與牧師的遺體，不僅如此，甚至還有極其卑微之人，他們無所不用其極地使自己留名於世，因而逐漸地，王室骨灰將會與凡人的骨灰混合在一起，到頭來不管是國王或百姓都無空位可用，或至少放不下紀念碑，其中有些紀念碑俗麗愚蠢，不是平實而恰如其份。

這段評語幾乎和教堂地底下的屍骨一樣糾纏不清，將榮譽之士與尋常百姓一視同仁，但這多少是真相。平民依然繼續安葬在西敏寺或在此受人紀念，特別是在教堂的迴廊裡，但也有的在別處。在迴廊裡，我們可以看見一塊獻給「珍李斯特，親愛的孩子」的碑，以及一個十八世紀水管工骨骸上方鋪砌的石板。至於那些了不起的「凡夫俗子」和他們那「一丁點的榮耀」，實際狀況是因為主任牧師與牧師會出售放置紀念碑的空間。十八世紀時，國會投票通過出錢建造西邊的塔樓，但不支付西敏寺的維修費用，因此，這座歷史性的教堂必須想辦法籌措經費。只有偉大人物才能葬在西敏寺的想法，一直要等到十八世紀末才完全建立起來。

第五章 從巴洛克到維多利亞時期

西敏寺的巴洛克時期藝術由歐陸雕刻家主導，其中最多產的是荷蘭的史瑪克斯、萊斯布瑞克和法國的胡比利亞可。教堂裡也有本地藝術家的作品，但大多數時候必須仔細尋找才能看到。在伯德為英國國教神學家格列伯（他從德國移居至英國）製作的紀念碑，以及幾件出自傑出雕刻家契爾（他的雕刻有時會被人誤認為胡比利亞可之作）的作品中，可以看出英國雕刻家的能耐，但在西敏寺裡，他們相形之下較為謙遜的委製之作被外來大師的光芒掩蓋了。伯德確實製作了新堡公爵約翰霍爾那座大型的紀念碑。吉本斯的雙親都是英國人，但他在鹿特丹長大，因此他既是英國人又是荷蘭人。吉本斯確實是傑出的木刻裝飾大師，卻似乎一直不太擅長石雕。他替薛佛爾爵士製作的紀念碑觸怒了艾迪森：「薛佛爾墓上的雕像不是一位勇敢粗獷的英國海軍上將——這才是那位充滿俠士之風的男人最獨特的性格——相反地，這雕像是一個戴著長假髮的花花公子，斜倚在華美頂篷下方的天鵝絨軟墊上。」從十九世紀開始，時人對巴洛克風格與其慣用的藝術手法產生激烈的反彈，然而，我們應該注意到早在艾迪森所處的十七、八世紀之交（我們已提過韋伯斯特筆下的小說人物波索拉的抗議），巴洛克風格就已受人抨擊。這時期，英國的雕刻和其他視覺藝術之間有著奇怪的隔閡。此時的英國建築偏離巴洛克，轉而走向源自於文藝復興時期威尼斯建築那種較為冷靜的帕拉迪歐風格，但在雕刻方面，不僅延續了巴洛克風格，還更加茁壯：胡比利亞可在西敏寺最早的作品，是他替一七四三年逝世的阿及爾公爵製作的紀念碑，引進了一種全新境界的戲劇性表現方式。在英國人心中，雕刻成為一種獨樹一格的藝術，有著外來特色，往往也出自外國人之手。就西敏寺十八世紀的雕刻作品來說，一如十三世紀的情形，西敏寺是英國教堂中最有歐陸風格的一座。

萊斯布瑞克在西敏寺的傑作是牛頓紀念碑。此時期的幾座大型陵墓都由雕刻家與建築師聯手製作，而牛頓紀念碑上有萊斯布瑞克和另一位雕刻家肯特的簽名。肯特在西敏寺還設計了其他紀念碑，吉布斯也是。吉布斯是蘇格蘭人，在羅馬接受訓練，風格大概可以歸類於半巴洛克風格。這些墳墓建築表現出英國本土與歐陸聰明才智的融合。牛頓紀念碑相當宏偉氣派，同時線條流暢、帶有人文氣息，甚至可說是活潑而饒富趣味。「這大理石像所代表的心靈／永遠獨自泅泳於陌生思想之海」原本是浪漫主義詩人渥茲華斯對胡比利亞可在劍橋三一學院禮拜堂裡的牛頓像所做的描述，但也可用來形容萊斯布瑞克在西敏寺雕塑的牛頓像，這座雕像的頭部表現了獨特的個性與出眾的智慧。而從原本位於詩人之隅的劇作家蓋伊的紀念碑上，最能看出萊斯布瑞克較為輕柔的表現手法；不幸的是，有人發現這座紀念碑擋住了一面中世紀壁畫，因此把它放逐到長廊裡去。

阿及爾公爵紀念碑或許是胡比利亞可「寓意機制」（有人如此稱呼這些紀念碑）中最傑出的一座。人物不再侷限於建築框架中。萊斯布瑞克讓牛頓斜倚在他的大理石棺木上；胡比利亞可的阿及爾公爵則將一條腿懸在邊緣。碑上的人物刻得彷彿正在動一般：辯論家向觀者伸出右手，智慧女神抬頭仰望公爵，名譽女神伸長了手撰寫公爵的頭銜——她以最戲劇化的姿勢，寫著阿及爾

胡比利亞可替阿及爾公爵製作的紀念碑，將正統巴洛克風格引進了西敏寺。辯論家（左下方）向觀者伸出手，右邊的智慧女神則抬頭凝視公爵。就在我們觀看的同時，名譽女神正在撰寫公爵的頭銜。後代的人很不協調地在紀念碑左方放置了一個圓形雕刻飾牌，紀念巴洛克最大的敵人——十九世紀藝術評論家羅斯金。

公爵的頭銜「格林威治」這個字，但只寫到第二個字母；這個頭銜尚未寫完，因為它與公爵一同逝去。這則隱喻中沒有基督教的內容，至少智慧女神絕對是個異教徒。名譽女神雖有一對天使般的翅膀，但她不是天使而是抽象人物，因此可以被描繪成一位女性，露出半邊胸部與一條裸露的腿。

胡比利亞可替卑微的哈格雷夫將軍製作的紀念碑，看起來好像要倒下似的。西敏寺裡許多巴洛克風格的紀念碑都以金字塔形狀作為背景；這一座也是，但這裡的金字塔在最後審判日倒下，赤身露體的將軍則從墓中起身，迎向死亡。胡比利亞可最有名的作品是他替約瑟夫與伊麗莎白南丁格爾夫人（一七六一年）製作的紀念碑，同樣非常戲劇化。這座紀念碑運用了諸多手法，其中一個手法借自貝尼尼在羅馬聖彼得大教堂內的教宗歷山七世之墓。歷山七世這座墓碑有兩層，教宗在上層沉著地跪地祈禱，死神則在下層從一扇門後出現，手中搖晃著沙漏。胡比利亞可則將上下兩層的內容結合成充滿戲劇性的場景：在南丁格爾紀念碑的下方，死神（此件傑出的雕刻出自他的助手瑞德）瘦骨嶙峋的身軀從門中（這道門用的是真的金屬門栓與鉸鏈）鑽出來，舉起長矛對準伊麗莎白夫人；南丁格爾先生往前衝去，徒然地想保護她。此一手法令人目眩神迷——「在此，大理石彷彿真能開口，栩栩如生。」這句話出自循理會運動創始人衛斯理，他痛恨西敏寺裡的大多數墓碑（全是一堆毫無意義的石頭和大理石！），但他卻在南丁格爾紀念碑中，發現他所謂的「常識」。衛斯理或許是位循理會教徒，但也是一位十八世紀的人，因此能看出在戲劇化與缺乏基督教人物的背後，這件作品與當時大多數雕刻的不同——坦然面對令人畏懼的死亡。不管是聖公會的高派教會或低派教會，維多利亞的人在這方面態度都很不一樣。

胡比利亞可替約瑟夫與伊麗莎白南丁格爾夫人製作的紀念碑。在羅馬聖彼得大教堂裡貝尼尼的教宗歷山七世之墓裡，教宗在上方祈禱，死神位於下方。胡比利亞可則把墓的兩層連結在一起，死神從他的門裡出現，南丁格爾先生徒勞地想替妻子擋掉長矛。

胡比利亞可的韓德爾紀念碑或許是他作品中最有魅力的一座（79頁圖）。這座生動的雕像既宏偉又平凡可親，作曲家這次沒有穿古典服裝，而是身穿當代服裝，看起來一副既豐腴又務實的樣子，我們可以把那生動的姿態看做是善於交際或具有英雄風采。「人是高貴的動物，」作家布朗爵士說道，「縱使化為灰燼也同樣燦爛，在墳墓中也同樣華麗。」我們可以用比較無趣的說法再加一句，也就是發揮到極致的巴洛克手法，在一般性與特殊性之間達到了平衡狀態。胡比利亞可製作了一尊逼真、個人化的韓德爾雕像，宛如他尚在人世，並以永恆不朽的大理石使他更顯尊貴。這是巴洛克手法最成熟的表現。

截至十八世紀末為止，西敏寺作為偉人祠的地位已經屹立不搖。「明天的此時此刻，」據說拿破崙戰爭中的著名海軍將領納爾遜在尼羅河之役時宣布，「我應該可以得到貴族頭銜，或者安葬於西敏寺（意喻戰死沙場）。」諷刺的是，納爾遜正因為他的豐功偉業而被西敏寺拒絕。拿破崙戰役製造了數量龐大的獻給軍人的大理石紀念碑，只有聖保羅大教堂容納得下。如渥茲華斯在一首讚揚西敏寺與聖保羅大教堂的十四行詩中所形容的，「那一棟歷史較短的建築物，」現在也

塞滿了紀念碑石，擠滿了
令英格蘭感戴不盡的逝者。

把聖保羅大教堂當作已經過於飽和、容納過多偉人遺體的空間，這幅畫面可能令人不太愉快，但這番形容雖不中亦不遠矣。這並不是西敏寺最後一次因為太過成功而導致地位喪失，其後，聖保羅大教堂成為英靈殿的分部，高級軍官的墓地，並奇怪且意外地成為畫家的安息處。英國皇家藝術學院首任院長雷諾茲和其繼任者魏斯特都葬於此；水彩風景畫大師透納的葬禮亦於一八五一年在此地隆重舉行。之後，萊頓、米雷、沙金特和其他許多位畫家也都葬在聖保羅大教堂。西敏寺最有名的畫家是涅勒，但他沒能登上眾神所在的巴納塞斯山。

在納爾遜將軍那場發生於西班牙特拉法加角的決定性光榮戰役的二十多年前，約翰生之死使他的仰慕者陷入兩難。瀕死之際，約翰生問其中一位遺囑執行者，自己會葬於何處，而（據日記作家鮑斯威爾的說法）「對方回答，『毫無疑問，在西敏寺裡。』他似乎對這答案很滿意，一位詩人會這麼想是理所當然的。」約翰生被葬在南翼殿，就在他的好友蓋瑞克隔壁，一塊石板鋪在他的墳上，上面並沒有刻著辭藻華麗的墓誌銘，像他替不遠處的愛爾蘭作家古德史密斯的墓所撰寫的那樣，石板上只有他的名字、年齡與卒日——這些文字依他所願，由拉丁文寫成。

約翰生的朋友隨即開始籌措建造紀念碑的經費，其中有些人再三思索後覺得，聖保羅大教堂難道不是個更好的地點嗎？雷諾茲是比較喜歡此一構想的人之一，他認為西敏寺太擁擠了，也希望藉此敦促聖保羅大教堂的主任牧師與牧師會，准許雕像進入教堂裡。聖保羅大教堂廣大的空間需要英雄式的風格與手法——而這不是為了雕刻家的利益。因此，一尊比真人還大、由雕刻家培根雕刻的大理石約翰生像，穿著類似羅馬人的服裝，以四位「對英國人貢獻卓著人物」之一的姿態，連同其他三人，各自盤踞在圓頂對角線的四個頂點上。裸胸赤足、滿臉怒容，鬆垮的衣服圍在腰上的約翰生，看起來活像是為了接一通打錯的電話而剛從澡盆裡跳出來的人。

十八世紀以混亂與一致性的怪異綜合體改變了西敏寺，這情形在中殿表現得尤其明顯。除了西北塔樓底下那個新古典主義的廢物堆以外，中殿不折不扣是個展示巴洛克雕像的藝廊，成群大理石像沿著兩邊側廊起伏、簇擁，幾乎像是有機體般地衝出牆面，竄往窗台上方。這條雕像長廊往往被人譴責偏離了西敏寺純正的中世紀風格，但在某些人眼中，它也奇怪地與哥德式建築構造和諧共處。法國歷史學家泰恩於一八六二年造訪倫敦時，對大部分紀念碑表示蔑視，卻在西敏寺做出例外的評論，他甚至覺得墓碑加深了此處的氣氛（有趣的是，泰恩將巴洛克雕像與之後的新古典主義雕像做了一番區隔）：

> 至高無上的中殿，令人景仰的哥德建築——它是唯一符合此種氛圍的形式：混雜的形狀……，需要大量精緻雕像填滿這晦暗的空氣，也需要人填滿寬廣而缺乏形狀的黑暗室內。我在該處流連了一會兒，注視死者的紀念碑，包括為數眾多的十八世紀優美的雕像，屬於我們這年代的雕像則是既冷冰冰、又矯揉造作。

在這番評論的前幾年，霍桑也贊同中殿的許多雕像都很荒謬可笑，不過他話鋒一轉，說：

然而，這些現在名稱不詳的醜怪大理石，在自然而然的過程中將牆面包覆住，正如同造成古老建築上長出青苔與長春藤的自然力量般。它是一個接著一個時代的歷史與人物傳記的紀錄，由它自身所有真實的錯誤所寫成。整體而言，少掉任何一座紀念碑都會令我感到遺憾；這座教堂的宏偉莊嚴，足以吞噬所有這些荒誕不經的人像……

這些思緒融合了歷史的想像與觀者的論點。某部分的霍桑想說，這些入侵教堂的巴洛克雕像是美學上的不幸事件，雖然就他們傳遞的歷史進程而言，代價是值得的。不過霍桑發現，自己所說的完全是另一回事，也就是這些紀念碑是這棟建築物臻於成熟的一部分，它們賦予這棟建築物宛如有機體般生長的性質，一如古牆上的植物。華爾波宣稱，蘇格蘭史塔法島上的芬格爾洞窟足以證明「大自然喜愛哥德式建築」，而同樣的洞窟讓德國作家馮塔納想起西敏寺。中世紀的教堂建造者以封閉的拱廊和從平坦牆面向外凸出的裝飾葉片柱頭，把側廊的牆分隔成許多區塊，之後的紀念碑更讓人覺得是向外伸展的副產品，牆面在時間與歷史的沖積下，一如樹瘤與甲殼類動物藤壺般凹凸不平。正因如此，觀者在哥德建築中發現到的有機或自然特性，彷彿奇妙地和巴洛克風格協調一致。事實上，當霍桑造訪約克教堂時，他認為約克教堂光禿禿又單調乏味，並為此處紀念碑數量之稀少感到遺憾。霍桑覺得相形之下，約克教堂無法與西敏寺相比。

至於我們，則可將西敏寺與聖保羅大教堂迥異的歷史互相比較，那裡幾乎所有較大型的紀念碑都以新古典主義風格建於十九世紀初期。聖保羅大教堂的建築與它內部的紀念碑統統可以歸類在「古典」這個廣義的標題之下，但兩者的藝術特質大相逕庭。雷恩的羅馬巴洛克風格不太能稱為嚴肅或華麗，卻萃取了這兩種特質的精華；室內陳設的部分則不論是尚提卓的鑄鐵製品，還是吉本斯的木刻製品，都極為奢華。相反地，新古典風格的紀念碑有一股大理石般的沉穩特質，有些人會覺得呆板僵硬，它們也確實如此。就算不是冷冰冰的，至少也刻意保持冷淡；而雷恩替他的建築內部設計的巴洛克風格部分，同樣以冷靜與寬敞為特色。然而，聖保羅大教堂相當巨大宏偉，它迫使新古典風格的雕像必須擺脫掉揮之不去的溫文儒雅此一缺點，並放棄在某些較小作品上表現出來的迷人氣息；紀念碑被迫在尺寸和構圖上必須巨大無比。也因此，巴洛克建築與新古典雕像多少會分享或形成彼此的特質，不過其中並無有機特質：這些紀念碑與建築物顯然是分離的，它們砰地被砸在牆的前方，就像是溫室裡種在花盆中的棕櫚樹。

西敏寺的情形則不同。在這裡，紀念碑的風格變化性要大得多，而巴洛克雕像彷彿更能融入哥德式建築，不管是美學上的融合或實際的結合（西敏寺的新古典主義紀念碑也是如此，不過這是另一個故事）。不可否認，西敏寺的某些地方太過擁擠——西北塔樓下方和北翼殿側廊，進入這些地方時就像不小心跌入製作紀念碑的石匠儲藏室。不過在其他部分，教堂與其內部雕刻或許已經實現了建築師康普所稱的「整體和諧」，最主要就是南翼殿盡頭牆面的外觀，此處的拱廊層層往上堆疊，最後以大玫瑰花窗告終；下方的某一邊是繪有耶穌與聖湯瑪士的壁畫，另一邊是胡比利亞可的阿及爾公爵紀念碑——阿及爾公爵在下，持香爐的天使在上，兩者雖相隔五世紀，但皆可與他們同時代最優秀的雕刻作品媲美。而這一切，謎樣地達到了和諧狀態。審美觀本各異，也許有些人會覺得，在這混和多樣風格的審美趣味中，有一種近乎不恰當的愉悅，彷彿是一邊聽著巴哈，一邊吃著草莓。

胡比利亞可不算是最後一位西敏寺的外國雕刻家，不過在接下來的幾個世代裡，製作紀念碑的幾乎全都是英國本地人。胡比利亞可從舞台上隱沒後，他的後繼者在接下來的一段時間裡依舊以修改過後的巴洛克風格——較為缺乏華麗大膽與純粹的原創性——繼續製作作品。英國皇家藝術學院創始人之一的韋爾頓，負責製作在加拿大擊退法軍的名將伍爾福將軍的紀念碑，他雕刻出來的伍爾福將軍幾乎全裸地在魁北克嚥下最後一口氣；韋伯所雕刻的演員蓋瑞克則正將布幕揭向兩旁，向觀眾最後一次鞠躬。上述這兩件都是此一時期的作品。而幾座由蘇格蘭新古典主義建築師亞當設計、其他人製作完成的較小型紀念碑，則展現出優雅的亞當風格。然而，隨著十八世紀接近尾聲與十九世紀的來臨，主流風格已逐漸趨向新古典主義。

在最後兩百年中，西敏寺已與當時最優秀、或至少最有特色的藝術分道揚鑣，新古典主義正標示了這個過程的開端。此情形稍微有些自相矛盾。我們對新古典主義很容易產生敬意，但不容易產生熱情，不過這時期的英國雕刻家還算有特色，啟用本地優秀之士也未必就表示故步自封，目光狹隘。弗拉克斯曼是首位享譽國際的英國雕刻家，不過他主要以素描聞名；而義大利雕刻家卡諾瓦曾說，衛斯瑪寇特的福克斯紀念碑中雙膝跪地的黑人像，可媲美任何一座當代英國或法國的大理石像。然而，新古典主義雕刻家與西敏寺的關係似乎很緊張，這一點值得探討。

德裔英國藝術史學家佩夫斯納在思考英國藝術的英國性之後，做出以下結論：雕刻藝術表現薄弱是英國藝術的特點之一。佩夫斯納認為，英國人偏好線條設計，特別是不規則的蜿蜒線條，而且在這方面特別有才華，卻也因此拙於必須處理立體物品的藝術（他承認摩爾是個例外）。我們或許會想起詩人布萊克，他剛好是佩夫斯納提出的英國偏好蜿蜒線條的範例之一。布萊克在雕刻家貝賽爾門下當學徒時，藉由繪製西敏寺的中世紀墳墓啟發了靈感，不過他將此一經驗用在受雕刻影響的繪圖技巧上，而非製作雕刻品。羅斯金的聲明令人訝異：雕刻「基本上只是高低起伏或圓形的悅人表面」，在雕刻中可以找到「受優美線條限制的美麗表面。我們所看到的，不過是美麗的外表。」

英國雕刻藝術的本質受到以下事實影響——數世紀以來，極大比例的雕刻品都是墓葬雕刻，因此被放置在教堂的牆邊。在形成這項藝術本質的過程中，現實社會狀況、天分或民族特性都扮演了各自的角色。當然，我們可能也覺得，某些優秀的新古典主義藝術家很適合以淺浮雕進行創作；淺浮雕無疑彰顯了弗拉克斯曼作品中的優雅、線條感與偶發的迷人風采。然而在西敏寺裡，贊助人士或藝術家自己的野心造成了體積過於龐大的作品，其中有些大型紀念碑大到不適合放在西敏寺裡，也大到雕刻家的才能無法勝任。韋爾頓替海軍上將魏斯特製作的小型半身胸像典雅細膩，比他那座碩大無比的伍爾福紀念碑更賞心悅目。培根替查特漢伯爵所做的巨大紀念碑在每個單獨的部分大致都還不錯，但卻無法將各部分組成一個令人滿意的整體，大塊空白的白色大理石也顯得多餘。更加令人推崇的是萊斯布瑞克與胡比利亞可的精簡，在那些體積並非特別龐大的作品中，他們達成某種了不起的效果；甚至在阿及爾公爵紀念碑那樣高大的作品裡，不同人物之間的空間與流暢的動態，都使整座紀念碑輕盈無比。至於新古典主義者，則似乎嘗試用全然龐大的體積，以彌補雕像在活潑和炫耀上的不足。他們必須處理三項缺點：新古典風格在本質上與哥德式背景格格不入；作品的比例有時候不適合他們自己；擺放紀念碑的空間愈來愈少，迫使紀念碑不得不遠離牆面，但在這些位置上，新的大理石紀念碑很可能看起來特別不受歡迎。

弗拉克斯曼在西敏寺內最知名的作品是曼斯菲爾德伯爵紀念碑，此碑被認定是英國教堂中第一座不附著於建築物的獨立雕刻群像。曼斯菲爾德伯爵紀念碑大部分由弗拉克斯曼的助手完成，說明了雕像看起來很尊貴卻略嫌缺乏生氣的原因（不過，曼斯菲爾德的頭部比較生動，是大師自己刻的）。這是件傑出的作品，但弗拉克斯曼最好的作品不在這裡。繼弗拉克斯曼之後，當代最重要的雕刻家是錢楚，他替西敏寺製作了好幾座紀念碑，但他最優秀的作品在這裡也看不到（法蘭西斯荷馬的雕像可能是錢楚留在西敏寺裡最有名的作品；他替華特製作的龐大紀念碑已被移走）。西敏寺的雕像已經逐漸失去了足以媲美同時代最佳作品的特色。

十九世紀帶來哥德復興風格，我們可能會預期這股風潮在西敏寺裡特別明顯。但令人驚奇的事發生了：西敏寺內沒有任何一座哥德復興風格的紀念碑。衛斯瑪寇特替一八〇七年逝世的蒙特邦席耶公爵製作的紀念碑，回復到人像躺在棺槨上的中世紀樣式。不過，除了公爵身上那件綴以鳶尾花紋章的袍子之外，這座雕像完全是新古典主義風格，僅以一絲柔和居家氣息預示維多利亞時代的到來。四分之三世紀後，西敏寺總鐸史丹利被葬在他身邊。史丹利被賦予當時罕見的特權，也就是一座不附著於建築物的獨立墓碑，以及比這更罕見的特權——與亨利七世禮拜堂的王族成員葬在一起。和蒙特邦席耶公爵一樣，史丹利的雕像以長眠之姿躺在棺槨上，但這件作品依舊是古典傳統風格。

在教堂主建築裡發生的事更怪異。一八五二年，蘭開郡紡織工業鉅子的兒子皮歐出現在北

根據維多利亞人的品味，當代服裝不適合用於人像上，因此一八五三年雕刻家吉布森替皮爾爵士披上一件羅馬寬袍，即便這雕像是放在一座中世紀教堂裡。左邊的格萊斯頓（由雕刻家布洛克於一九〇三年製作）將他的現代性隱藏在學院袍中。

翼殿，身穿羅馬寬袍。等到本世紀稍晚，兩位英國首相狄斯雷利和格萊斯頓加入他時，這種傳統風格已經無可救藥地過時了，但讓雕像穿著現代服裝使人更不自在，因此兩位政治家分別穿著學院長袍和騎士袍，傳達出朦朧的古典風味。狄斯雷利和格萊斯頓兩尊雕像都是站姿，放置在拱廊墩柱前方的台座上。此一安排多少迫於西敏寺空間不足的無奈，但也形成雕像和建築物分開的效果。站在側廊的政治家看起來像遊客，不像之前的紀念碑那樣被建在教堂的結構體裡。由他們的風格與姿勢看來（還有一部分出自意外），這些作品以新的方式持續投射出舊的訊息——雕刻是一種與英國格格不入、疏離的藝術。雕刻基本上是種古典藝術的感覺是如此地強烈，乃至於即便在一棟中世紀建築裡，它還是戰勝了當時的中世紀主義。

⌛

回顧以往，有些浪漫派作家與維多利亞時代的人覺得，他們遇到了兩難：古典時期的東西似乎比中世紀更貼近他們。十九世紀的文化評論家阿諾德將伊麗莎白一世的朝臣雷利爵士寫的離奇有趣的《世界史》，和希臘歷史學家修昔底德的作品互相比較，後者的年代近得彷彿寫於昨天。散文家海茲利特將古老黑暗的中世紀對照於「輝煌而界線明確的希臘羅馬時期」。王爾德聲稱：「事實上，我們生活中任何現代事物，全都要歸功於希臘人。而所有落伍的事物，都可以歸咎給中世紀主義。」在西敏寺裡，實情正是如此，「古典」雕像完成的年代，比中世紀雕像的年代還要近。

當時還有另外一種想法：古典風格是屬於過去的，哥德風格更符合當代的、浪漫的精神。十八世紀德國藝術史學家溫克爾曼宣稱，古希臘藝術的特色是「高貴的樸素與沉穩的偉大」——所有希臘藝術，包括文學與雕刻在內，皆是如此。許多人熱烈地討論、借用或改寫溫克爾曼的概念，其中最有名的就是德國浪漫主義詩人施勒格爾，他的《論戲劇》（一八〇七年）對英國影響甚鉅。施勒格爾主張，雕刻是特別屬於古代的藝術，正如音樂是特別屬於現代的藝術。希臘悲劇具有雕刻的特質，而當代藝術，不管哪一種，都是浪漫、擾人心緒和誇大渲染的：「古代藝術和詩的精神是**可形塑的**，但現代藝術和詩的精神是**圖像化的**。」施勒格爾接著還加上建築的類比：「應用至上！萬神殿和西敏寺或維也納的聖史蒂芬教堂之間的差別，不比索福克勒斯的戲劇和莎士比亞的戲劇之間的差別來得更大。」

西敏寺具有現代性嗎？或許我們無法斬釘截鐵地斷言，不過在施勒格爾的論點中，西敏寺的哥德形式比古典形式更接近現代經驗，正如莎士比亞比索福克勒斯的時代離我們更近。詹姆士出席在詩人之隅舉行的白朗寧夫人葬禮，他深思了此事，認為這場盛大儀式能歌頌死者「在各種斜射而下的七彩光線中，注視人類活動不可壓抑的才能」——詹姆士暗中將自己的現代性詩詞和從教堂高窗穿透而下的太陽光束做比較。這只是詹姆士的奇想，但在十九世紀中期，羅斯金曾主張，就符合現代目的來說，哥德建築的確是最好、功能性也最強的風格。維多利亞人應該模仿十四世紀義大利維洛納的建築形式，不只因為比較優美，也因為最好用（他強調，拱形比水平楣石更堅固）。事實上，羅斯金這種形隨機能而生的論點前後並不一致；他十分嫌惡由玻璃與鐵構成的鐵路車站，以及海德公園裡同樣以鑄鐵與玻璃為材質的水晶宮。他痛恨文藝復興建築，更痛恨在他眼中象徵道德腐敗的巴洛克建築；在他最傑出的建築著作《威尼斯之石》第三卷裡，他強烈抨擊這些風格。羅斯金在西敏寺供後人紀念的方式不恰當到了極點——刻有羅斯金側臉的圓形青銅飾牌，就放在阿及爾公爵紀念碑的左邊，好讓他能永遠怒視那件巴洛克雕刻傑作。（91頁圖）

在羅斯金之前是普金。一八三〇年代，希臘人與哥德人的戰爭正如火如荼。當代建築應該是古典風格或是中世紀風格？普金是哥德式最激烈與最具娛樂性的擁護者。他的論點有兩項主要分支，一個是宗教的，一個是愛國的，現代史已經證明了愛國主義與宗教結合的力量是多麼強大。首先，哥德式是基督教徒的風格，而古典風格是異教徒的產物。第二，哥德式樣是英格蘭的國家風格；即便古典主義在義大利是可以被容忍的，在阿爾卑斯山以北卻不合宜。普金在一八三六年的《對照論》一書中，宣告西敏寺具有中心地位。我們已經聽過艾弗林將羅馬的聖彼得大教堂對照一長串英國大教堂的名單，認為這些教堂都不夠資格，現在普金把這評價顛倒過來：

> 令人訝異的是，這棟大建築物（羅馬聖彼得大教堂）普遍被視為一座至高無上的天主教教堂，雖然就一棟基督世界建築來說，它絕對比不上約克的聖彼得教堂或西敏區的聖彼得教堂。在這兩座教堂裡，每一個原始的細節和象徵符號都是來自最純粹的基督教設計，沒有任何配置或特色是借自異教徒的古代風俗遺物；雖然這些輝煌的建築很遺憾地遭人褻瀆，最初的美感已大半被剝奪，它們卻比那座以拼貼磁磚、鍍金和大理石裝飾、仍舊在全盛時期的羅馬同名教堂，更能引發強烈的宗教敬畏之情。

他將虔誠的中世紀墳墓與後世的異教信奉做比較：

> 上下顛倒的火炬、海克力士的棍棒、智慧女神的貓頭鷹和骨灰罈，取代了聖人和天使，被刻在教皇、主教、國王、神職人員、政治家和戰士的墓上，一旁常伴隨著異教徒神祇，展示異教徒的裸體；祈禱者替死者靈魂虔誠的祈求，被詳細描述死者美德與豐功偉業、冗長又誇大的墓誌銘所取代。

這種紀念碑在義大利比較沒那麼讓人厭惡，「然而，當它們侵入西敏寺或科隆大教堂宏偉的拱頂下方，並放置在信仰大相逕庭的古老紀念碑旁——此地每一個壁龕和裝飾品都散發出天主教神聖的精神——，激起了基督教徒十足憤恨的情緒。」在胡比利亞可的華倫紀念碑上，赫丘里斯的確很招搖，我們也已經注意到智慧女神是如何崇拜地仰望著阿及爾公爵。基於同樣的精神，十九世紀中期的西敏寺誦禮司鐸渥茲華斯反對移走唱詩席的座位，敞開翼殿空間，因為開闊的前方視線將揭露世俗傲慢自大、溢美的墓誌銘，「將戰爭和屠殺之風吹入和平的殿堂裡」，使教堂成為「異教神祇」甚至是裸體像的「萬神殿」，進而摧毀所有敬畏之情。

普金鍾愛西敏寺，但此種熱愛的危險性可能和前幾個世紀的冷淡態度一樣可怕。他的學說模稜兩可。一方面堅持哥德式才是適合現代的式樣——事實上普金認為它適合所有時代。另一方面，現代性令他厭惡得發抖。在《對照論》的插圖裡，普金將兩種建築物放在天平上：一邊的哥德建築壓倒性地重過另一邊輕飄飄的古典建築，天平兩邊分別標示著十四世紀與十九世紀。普金從現代逃開，奔向十四世紀，相信可以在自己的時代重現十四世紀建築。他缺乏歷史與背景環境的意識（普金在羅馬時曾告訴紅衣主教紐曼，他想拆毀聖彼得大教堂，以一座英國裝飾性哥德風格的新教堂取而代之）。在普金眼中，西敏寺宛如一位不幸的閨女，等待有人從迫害者手中將她拯救出來。普金散布極端惡毒的誹謗，反對主任牧師、牧師會、國會與王室對西敏寺「這座目前為止在都市中最優秀的建築物（如果將它內部不適宜與令人厭惡的紀念碑清除之後）」棄之不顧的態度。普金暗示將消滅所有紀念碑，表示他必須進行一場重整牆面、重新裝飾的大工程。如果普金如願以償，現今教堂內部的維多利亞風格就和中世紀風格一樣強了。果真如此的話，只有幾件特別不搭調的紀念碑會被打掉或移除（此舉非常明智），其他的繼續留在教堂裡。

羅斯金的態度則大不相同。以他的觀點，建築必須經過一番醞釀，沒有一棟建築不是經過幾世紀的光陰才臻於完美。他憎惡同時代的人強加於英國大教堂的破壞性重建，（羅斯金將之形容為「布滿粗糙雕刻的巨大腐朽之牆」，並說，我們現在應該欣賞的是「史考特爵士所建的美麗新護牆，一批國王從肯辛頓宮移駕至西敏寺」）。羅斯金倒是有先見之明。畢竟西敏寺的整個外部不可避免地需要重新整修，因為倫敦的空氣中充滿了腐蝕性煤煙。大多數維多利亞時代的重建工程都始於史考特爵士（就是他建造了新的護牆），再由皮爾森接手，這些重建工程基本上相當忠實又保守地遵照當時的標準，只有以下兩個例外。教士會議廳幾世紀以來已經殘破不堪，史考特恢復了它中世紀的樣貌，大致來說，他頗有技巧。而遠比教士會議廳更具爭議性的，非一八七五年到一八九二年間的北翼殿外觀重建工程莫屬。我們看過史考特如何以偏向法國風格的設計取代舊門廊。此舉已經夠魯莽了，但皮爾森在門廊上方所做的更叫人跌破眼鏡。他在沒有顯著理由的

北翼殿，建於約一八七五年。從這張照片可看出，北翼殿立面在維多利亞時期徹底翻新了樣貌（除了之前已經重建過的左側門廊）。中世紀的設計將門廊視為有如洞穴般的空間，並從實心的牆面挖空而成。

今日的北翼殿，於一八七五至一八九二年重建工程之後的面貌。史考特爵士模仿十三世紀的法國式樣，建造了三座從門廊向前凸出的山牆。在山牆上方，皮爾森將狄金森在十八世紀早期已經更換過一次的玫瑰花窗拆除，以他自己較拙劣的設計取而代之。

情形下，更改了山牆上的封閉拱門。更令人震驚的是，他以設計較差的新玫瑰花窗取代了原有的玫瑰花窗（十八世紀早期由狄金森所建，和原初的花窗相差無幾）。（十八世紀的彩色鑲嵌玻璃在重建過程中被保留了下來；雖然它的大小不合適——他們必須裁掉十二使徒的腳。）

皮爾森是位非常傑出的建築師，他選擇如此玷污自己的名聲令人扼腕（與困惑）。但這件事標誌著品味的改變，遭受到了猛烈抨擊，尤以十九世紀美術工藝運動領導人物莫理斯為最。為了對抗嚴肅又毫無情感，但在維多利亞極盛時期常見的形式修復，莫理斯創立了古建築保護協會。羅斯金的精神也開始盛行。對保守抑制風格不以為然的莫理斯宣稱，西敏寺是「我們最美麗的一座教堂」，是中世紀偉大教堂中數一數二的佳作。然而一提到教堂外部，莫理斯說：「一長串各式各樣愚蠢的錯誤，全都基於錯估此建築的真正價值，這些錯誤對教堂外部造成重大損毀，以至於它原始的牆面幾乎一點不剩。我們可以這麼說，它留給我們的只不過是原本建築的空殼，或者說是幽靈。」繼皮爾森之後成為西敏寺總建築師的萊瑟比是另一位了不起的建築師，為了附和莫理斯這番話，他寫道：「教堂外部經過一番徹底重建，要形容它就等於形容一連串現代工程。除了主結構以及某些優美的基本形體之外，只有教堂內部，才是我們認為的真正古代藝術作品。」莫理斯不喜歡十八世紀修復過的北翼殿，但至少北翼殿有特色，他說，而且經過風吹日曬之後別有風貌。但是，西敏寺內部的紀念碑卻是「災難性的、可恥的」，「全世界放眼所見偽藝術最醜陋的典型」，「這些紀念碑使我們成為國際間的笑柄」。但即便如此，萊瑟比還是不認為應該把它們移除。這些紀念碑與這棟建築已經成為一個整體，乃至於「徹底的修復」後果將會更糟。因為歷史無法重來。

第六章 想像中的西敏寺

雖然西敏寺的風格幾乎比英國所有大教堂更有整體性，但它好像總是被分隔成數個不同的區域。在中世紀時，一片被稱為祭壇屏幕的屏風，將中殿西半部與修道院區域分隔開來。宗教改革之後，教堂東邊有了一個新的特色：參觀者必須付錢才能進入。一六〇〇年之前，玄學派詩人唐恩已經提過，如果付費給「照料西敏寺墓碑的管理員」，他就會引導你在英國國王的身邊繞一圈。這聽起來像是私人企業的作法；之後等到適當時機，主任牧師與牧師會就會有系統地向參觀者收費。十九世紀的主任牧師與牧師會將價錢降低，以便在表面上看起來更歡迎參觀者，但教堂裡仍有免費開放參觀區與不開放參觀區的分別，一直要等到二十世紀晚期，兩者的分別才逐漸減低。事實上，從那時開始，你一定要付費才能進入教堂。

此種世俗的運作影響了世人體驗一棟建築物的方式——在西敏寺的例子裡，中殿內部空間在十八世紀的重新安排，使得這種影響力更加強大。牛頓紀念碑被放置在分隔中殿與唱詩席的屏風左邊；史丹霍普伯爵紀念碑被放在另一邊，恰巧與牛頓紀念碑對稱。娶牛頓外甥女為妻、也是他擔任皇家鑄幣局局長時的助手康度伊，不只替這位舅舅張羅紀念碑，也在中殿西端替自己安置紀念碑，與牛頓相對，並和另一座位於門另一邊的紀念碑呈平衡的對稱位置。這四座紀念碑的構圖都很類似，人物被放在金字塔形的背景前方；萊斯布瑞克製作東邊的兩座紀念碑，奇爾製作西邊的兩座。屏風是當代的作品，由豪克斯摩爾設計，樣式平凡無奇，使得牛頓和史丹霍普紀念碑在屏風前面顯得非常搶眼，得以主導中殿空間。這樣的效果在一八三〇年代多少消失了一些，因為由建造白金漢宮的建築師布羅爾所設計的屏風（此屏風在二十世紀重新被鍍上俗麗的鍍金），取代了豪克斯摩爾的屏風，金字塔上端有一半藏在哥德式的繁複裝飾後方；二十世紀的鍍金更使屏風奪去了雕像的風采。在十八世紀中期，這幾座紀念碑隔著長形的中殿彼此呼應的形式，使中殿具有分隔區域的效果，而且還是一個具有獨特功能的區域。擁護詹姆士二世的總鐸艾特伯里被趕出辦公室後，被判流亡在外，他葬在西敏寺西門旁，曾要求「在空間許可的範圍內，盡可能長眠在遠離那些帝王和政客的地方」。在此，除了有一個只能付費進入、乍看之下不明顯、存放著古代墳墓與騎士的王室教堂之外，還有一個屬於大眾的教堂，一座當代的紀念堂。

在十八、十九世紀對西敏寺的諸多描述中，都將它視為有三或四個明顯畫分的區域：中殿、聖殿、東端與亨利七世禮拜堂。建築師普金對亨利七世禮拜堂造成的驚奇效果讚賞有加，它「位於一座極長的教堂裡的最底端」，在參觀者以為已經仔細檢視過整個教堂之後，禮拜堂的出現使人眼前一亮。直到邁入十九世紀之前，封閉的東端使參觀者感到一股特別的荒蕪氣氛。對歐文一八一九年的造訪而言，整個參觀過程是一個回到過去的旅程，東端更將他擲入久遠以前的古代，使他墜入神話傳說與中世紀浪漫故事的遐想，以及武士「介於歷史與童話故事之間」的英勇行徑。三十五年後，情形有了轉變：付了六便士參加導覽的霍桑發現自己走馬看花，無法將任何東西看個仔細——這是個令人訝異的現代體驗。早在甚至連鐵路都還沒發揮多大影響力的一八三〇年代，普金就已痛批「來端詳這座教堂」的粗鄙旅客，「他們在神聖的側廊晃蕩時給人的感覺

——好像不過是一群度假的遊人來倫敦觀光，到郊外蘇里動物園的路上順道去西敏寺」。很難說在十八世紀有多少人出入西敏寺。版畫裡描繪的中殿空蕩蕩地，只有三兩遊客或幾個閒逛的人交頭接耳，但或許，這只不過是藝術家不想讓畫面布局太雜亂的技巧。如果從當代書籍的照片中判斷，我們可能會斷定西敏寺根本沒有任何遊客。不過對於人終究難免一死的獨思——這是之前的人在描述西敏寺時出現的重要主題——的確在十九世紀中期後就逐漸淡去。

⌛

無數訪客曾經描述西敏寺，但不可否認的是，他們的觀感往往既陳腐又傳統。如果寫作者太有才華，我們很難分辨他到底是真心誠意或只是妙筆生花。在一篇致敬的短文中，艾迪森從北翼殿新堡公爵與其妻子紀念碑上的銘文中選出一段話：「這高貴的家庭中所有兄弟都很英勇，所有姊妹都很貞潔。」一世紀之後，歐文認為哥德的墓不僅在外表上，在銘文上也大大地勝過華麗而過度修飾的「現代紀念碑」。他說，中世紀紀念碑以高尚的方式「將事情說得簡單，態度卻又自豪；我不知道還有哪篇墓誌銘，比堅稱這高貴的家庭中『所有兄弟都很英勇，所有姊妹都很貞潔』，更能流露出傲人的家庭價值與光榮血統的意識」。歐文其實引用錯誤，他沒有注意到句中「……英勇（valiant），……貞潔（virtuous）」是互相輝映的頭韻，這兩個詞使男性與女性的美德有所區別，但又同時藉此連結。此外，他引用這句銘文的用意在於當作中世紀傲人簡潔性的範例，然而這句銘文卻刻在一個他所不齒的巴洛克紀念碑上。這一刻，歐文的心情似乎是借自書本，而非原創。霍桑和歐文一樣，在第一次踏進西敏寺時，也注意到一座「古代的墓」和上面刻著英勇的兄弟與貞潔的姊妹等文字；雖然霍桑將此事寫在私人筆記本裡，我們卻懷疑他看似不經意的發現，其實並非如此。今日的訪客看到這段文字可能同樣會感到驚異；因為接下來的文句是：「這位公爵夫人是一位聰穎機智而有學識的女士，這點可以由她的著作證明」——這句對有知識女子毫不吝嗇的讚美，出現得相當早。公爵夫人還寫道自己很有企圖心，但企圖心卻不在美貌、財富或權勢，而是被高舉至「名望之塔，在後世受人紀念」。好吧，她的確在西敏寺受到後人的追憶。

陳腔濫調也有其作用：告訴我們一般人通常對此地的感受如何，或者至少是他們預期中的感受如何。幾世紀以來，對西敏寺的描述都引發了對此地的幽思，而所有想法中出現最頻繁的正是憂鬱。十九世紀時，雖然寂寥衰敗的情緒已從這些描述中消失，但要說有什麼不一樣，此時陰沉沉的黑暗感彷彿更強烈。這些變化恰恰符合以下的現實狀況：西敏寺的禮拜儀式回復到更為活躍的狀態，而倫敦空氣中的煤灰量加倍出現。好幾位十九世紀作家都表示，這座教堂是用棕色的石頭（他們甚至還說是「深棕色的石頭」）所建蓋的，但他們所稱讚的顏色基本上不是石頭，而是污垢。在某次有欠思考的教堂保存工程中，史考特爵士將大部分外牆塗上蟲漆。此舉不只封住已有的灰塵，還招來更多新的灰塵。

對艾迪森來說，西敏寺完全體現了「凡人難免一死」這句拉丁文警語，是沉思死亡與生命無常的地點：

當我心情凝重時，我經常獨自漫步在西敏寺中；此地的憂愁與它的作用，以及這棟建築物的莊嚴肅穆，和長眠此地人物的狀況，易於使人心神充滿某種悲戚，或陷入深思，但此種情緒並不會讓人不快。

有趣的是，艾迪森只看到這棟建築的其中一項功用——安放死者，卻完全沒有意識到，除了激發生者想像與死者產生情誼，這裡也與生者有關。二十世紀初，小說家福特的發言更加激烈，把憂愁沮喪變為冷酷無情、把棕色變成黑色：

在我們這座偉人祠黑暗且陰沉的迴廊裡……在那裡，聳立著猙獰漆黑的高塔，紀念碑蜷縮在陰森幽暗的牆根，噴泉立在低垂的黯淡光線中，毫無用處的迴廊使人聯想起那些枯槁、變黑骨骸的過時信仰、過時職志、過時的希望與絕望；在那裡，舊房舍形形色色的巷弄彷彿低訴著褪色的美德、惡行、歡愉與失效的罪惡……（諸如此類的敘述又繼續了好一會兒）

這樣的形容非常糟糕，但它一定和真實狀況有幾分類似，而那令人疲乏的修辭，也的確呼應了之前遊客較為含蓄的說法。衛理公會創立者衛斯理和艾迪森一樣，對他而言，造訪西敏寺是莊嚴肅穆的儀式：「我再次抱持嚴肅的態度，走過西敏寺裡的墳墓，」他在一七六四年二月的日記中說。一位德國訪客莫里茲在一七八二年造訪英國，他寫道：「我在一個陰暗而令人沮喪的日子裡看見西敏寺，這樣的天氣符合該地的特質。」狄更斯的散文集《旅人自述》中，在三月溼冷夜晚漫步倫敦街頭的主角來到西敏寺，他覺得此處是「絕佳的憂鬱社團……令人聯想到在黑暗的拱門與柱子之間有一列驚人的死者隊伍」。歐文選擇在秋天進行朝聖之旅，「那是晚秋一個淒清而極為憂鬱的日子，早晨與傍晚的陰影幾乎糾纏在一起，替一年的逝去添入一股陰暗沮喪的心情……這棟古老建築中有種哀淒的莊嚴，與這個季節不謀而合。」在整篇散文裡，頻頻出現的類似字眼是「哀淒」、「肅穆」、「悲傷」、「神祕」、「可怕」、「荒蕪」、「寧靜」、「無聲無息」；不過最常重複的還是「憂愁」、「陰沉」和「憂鬱的」。

待霍桑來到西敏寺時，西敏寺差不多已經喪失寂寞與荒涼的氣氛了；其實，霍桑在首次造訪時就很訝異地發現，西敏寺看來已修繕完好。但他也提到這座教堂即便在陽光普照的日子裡也顯得陰沉，而他樂在其中。讚嘆著高聳的柱子，霍桑說，「見到陽光從柱間灑落，以夏日午後的爽朗愉悅，照亮它們經年累月的陰沉，真是令人賞心悅目。」彷彿晦暗陰沉是這座教堂內在的本質，也彷彿灑落的光束瞬間照亮了那幾可碰觸的朦朧感。事實上，在看到聖保羅大教堂時，霍桑將聖保羅大教堂清澈明亮的特性與哥德教堂的本質做了一番對比，「哥德教堂是如此朦朧神祕，那狹窄的側廊、錯綜複雜的尖拱，黝黑的牆面、圓柱與鋪砌的地面，還有彩繪玻璃，即便日光得以藉由其他方式，照亮哥德教堂永恆不朽的黃昏，這些地方依舊黯淡不明。」霍桑尚未意識到，自己對哥德教堂的概念，有很大的程度是根據單一一棟建築與它的背景環境而來——也就是被數世紀的煙塵燻黑的西敏寺。稍後，等霍桑看過約克和伍斯特大教堂，他就會了解哥德風格影響的多樣性。霍桑因而更能欣賞在多霧的十一月天裡，從外面幾乎看不清、更朦朧難辨的西敏寺；他形容自己進入「那神聖的教堂領域，在漫布煙塵的光線中看起來十分黯淡而陰森」，並且「抬頭仰望那片瀰漫在我們和教堂高大屋頂之間的霧氣。」此一場景，極可能讓人想起中國畫裡一座聳立雲端的山巔。

至於古德史密斯筆下虛構的中國訪客，則提到了「逝者功績那可敬的殘存」所引發的「憂鬱」，稱西敏寺是「一座古人之手刻畫出來的殿堂，如宗教崇拜般莊嚴神聖，飾以大量蠻族的華美事物；透著微光的窗戶，刻著回紋的柱子，修長的列柱以及深色的天花板」。美國作家詹姆士也同樣在「幽暗的翼殿」與「深沉的薄暮」中感到欣喜。如今，這種早期的西敏寺體驗已經完全消逝了。清洗工程讓石頭重現潔白光彩。即便是氣候都有所改變。空氣清淨法案和中央暖氣系統驅散了往昔的倫敦大霧，證實哥德教堂的黃昏一點也不永恆。但維多利亞晚期的人依然堅信，黎明、黃昏與冬季是最適合西敏寺的時間與季節。在史丹利擔任總鐸的一段短暫時光裡，透露了教堂古老的黑暗是如何摻入晚近的蓬勃生氣。那是一八七六年的最後一天，再過幾個小時，當局就會在印度宣布英女王的印度女皇新頭銜。英國首相狄斯雷利與總鐸史丹利兩人私下溜進北翼殿，那裡「人山人海」（那天是禮拜天，法拉牧師正在講道）。「這是我絕對不願意錯過的一幕，」首相如此聲稱，「這黑暗，這光亮，還有令人讚嘆的窗戶和大批群眾，以及此等謙恭有禮、敬重的態度、虔誠的禱告——五十年前，這裡連五十個人都沒有。」他告訴史丹利，他心中浮現出東方世界，史丹利在回應時，將他們在人群中的現身，與伊朗阿巴斯王朝的拉席德隱姓埋名在暗夜中行經巴格達的故事相比。「我喜歡真主繼承人拉席德的冒險故事，」首相說。在這段小插曲裡，西敏寺又再一次地，不僅被視為凡俗世界中的精神綠洲，也被視為將異國詩歌輸入倫敦散文的地點。

⌛

歷代的西敏寺訪客早已將教堂裡的聲音和每日例行儀式當作它存在的一部分。在一座活生生的宏偉教堂中或站或坐或移動，不僅僅是視覺經驗，同時也是空間容積的體驗，感受一如看見（就像盲人能感覺到房間裡東西的位置），而一旦到了極致，則將成為聽覺的經驗。前文曾引用彌爾頓在〈沉思者〉中對勤勉的迴廊、高大的柱子與哥德式拱頂的召喚，以下是它的下文：

在那裡，且讓響亮的管風琴
對著下方唱出圓潤歌聲的唱詩班演奏，
在崇高的禮拜儀式和澄淨的聖歌中，
願這甜美悅耳的聲音穿過我的耳朵，
使我感動狂喜，
將天堂帶至我眼前。

彌爾頓在《論出版自由》中寫道，他無法贊許那種易逝與隱匿的美德竟然不躲入神聖的寧靜裡，在此詩中。聲音——不但是聲音，而且還是嘈雜的噪音——使哥德教堂縈繞著俗世對天堂的召喚。

與之相仿，對十七世紀諷刺作家華德而言，西敏寺裡的音樂是天堂的預兆。當華德筆下的主人翁，那個到城裡來的鄉下人漫步在西敏寺中殿，欣賞建築與古典文物時，他形容自己感到愉悅、滿足、深受吸引且訝異不已；然而，當午後祈禱的鐘聲響起、唱詩席開放時，他的語氣一變：

> 在該處，我們的靈魂因音樂神聖的和聲而提升，它遠遠超越我們祈禱時的普通音調，天堂般的腔調深深影響著悔罪的心，乃至於它加強了我們的熱誠，鞏固我們放蕩不羈的想像力，以對抗漫無目的的思緒，並且在我們完全準備好接受天國慰藉的真正滋味之前，讓我們嘗到世上不朽的祝福。

（我們或許會認為，這可真是一種愜意的悔罪方式，特別是他又接著說，「當我們以這振奮人心的活動提振我們的靈魂……」）

歷史學家麥考利稱西敏寺為「寂靜的殿堂」。對愛爾蘭政治家柏克來說，西敏寺裡「完全的寂靜彷彿是神聖的」。在一棟龐大建築物內，尤其是城市中一棟龐大建築物裡的寂靜，彷彿伸手可及——寂靜被當作無聲的感受，令人舒暢。歐文從西敏寺的寂靜中提煉出一種宜人的哀愁：「沒有什麼比得上踩踏在一度熱鬧盛大、如今卻寂靜冷清的場景上，更能以深沉的孤寂感撼動心靈。」歐文的意思不是他什麼都沒聽到，而是覺得西敏寺是個盛裝寂靜的容器。歐文將寂靜容納在教堂裡，耳朵裡聽到的聲音則來自別處，因為他將「幽暗的拱頂與寂靜的側廊」，拿來與偶爾出現、穿透這宗教空間的俗世街頭巷議相互對照，「忙碌的存在之聲，……路過的馬車吵嚷的聲音，群眾的私語聲或者是歡愉的輕笑聲」。教堂的牆和生與死之間的界線一樣，既堅硬、又薄如紙片。當歐文形容「在情感上造成的奇妙影響，從而聽到一波波活躍生命浪潮匆匆而過，拍打在墳墓的牆上」時，我們終於明白，當時造訪西敏寺的經驗，和今日遊客你推我擠的情景，有多麼大的差異。

從西敏寺發出的聲音同樣是西敏寺的一部分，這一點歐文也很欣賞。即使是在迴廊裡聽到的鐘聲回響，也不僅僅是抽象的聲音，而是說話聲，正訴說著故事，「對逝去光陰的告誡，回響在墳墓之間」。在教堂內部，歐文樂於聽到「遠方教士不斷重複的晚禱聲，和唱詩班微弱的回應聲」，以及有人在一段距離之外談論管風琴翻騰起伏的嘹亮樂音，與歌者高亢的聲音——坦白說，這是非常陳腐、二手的癡迷心境。更有趣的是，歐文覺得這些聲音並不會抵銷西敏寺古老的陰鬱，反而增強其氣氛，並與之和諧一致。在這整棟宛如洞穴般黑暗的建築物裡，這場冬日黃昏的禮拜是一個聲音與微弱光線的空間。細小的蠟燭照亮此處，唱詩班成員宛如白色的小色塊，襯著他們深棕色的橡木座椅。

霍桑發現，維多利亞極盛時期的西敏寺曾參與紛亂擾攘的倫敦生活，而非與之隔絕。一部分原因是西敏寺的牧師團在這段期間變得更活躍，另一部分原因則是這棟建築具有多重聯想性，因此來此朝聖的人可以選擇屬於自己的道德規範。霍桑首次造訪此地時，倫敦正巧在慶祝英軍在克里米亞戰爭中於賽巴斯托普要塞對抗俄軍的勝利：他聽見轟隆隆的加農砲聲穿透至教堂內，對於這件成功戰事，霍桑挖苦地回應道，這可能只是增加更多他已經看過的那些「獲得殊榮的墓碑」罷了。在稍後的場合裡，霍桑再次聽到西敏寺的鐘「發出喜悅的喧鬧聲，快樂地、悅耳地、嘈雜地響起——一個人可想像出最歡欣鼓舞的聲音；我們美國的每個城鎮鄉村也應該有個鐘，讓七月四號的慶典更活潑生動。」霍桑以為這次的鐘聲必定是慶祝另一次戰勝，但卻發現那是婚禮的鐘聲：「上次我在那裡時，西敏寺為了國家的勝利發出喜悅的宏亮話語；現在，鐘聲卻是為了兩個愛人快樂的結合而響起。這座老教堂是個多麼有力的支持者啊！」

這座教堂是「有力的支持者」，以及是「會說話的」——不管說的是快樂或悲傷——這樣的概念同樣出現在許多書寫西敏寺的人筆下。西敏寺不僅激起他人的情緒，它自己也感同身受、抒發情感，這樣的想法反覆地被提起。在喬治六世的加冕典禮上，一位在場觀禮的人提到，「我覺得這場典禮真……是**非常**、**非常地**美妙，我想西敏寺也這麼認為。尖拱與樑柱彷彿覆蓋著一層不可思議的薄霧……至少我是這麼以為的。」寫下這段話的人是十一歲的伊麗莎白公主，下一場就是她自己的加冕典禮。（「典禮最後變得非常無聊，」她加了句，「因為全都是禱告。」）一九四一年，一顆炸彈炸穿中殿翼殿交會處，殘骸四散，在敵人的攻擊行動中喪失所有財產的西敏寺司鐸宣稱，「歸根究柢，西敏寺就是英格蘭，它必定與英格蘭一同受苦。」就好像聖保羅大教堂在一九四〇年的倫敦大轟炸中浴火重生，或是白金漢宮側廳受損時，女王堅稱現在她可以堂而皇之地注視倫敦東區。西敏寺受創的照片被展示出來，當成愛國情操的一部分。

今天的大多數人憑著猜想，認為西敏寺主要是一個供人追思與舉行公眾儀式的地方，但在過去，當西敏寺還比較空曠而昏暗時，它主要被當成埋葬死者的地方。達特寫的《西敏寺的歷史與古蹟》（一七二三年）是第一本研究西敏寺的大部頭學術著作，序言裡的一首長詩圍繞著嚴肅的、和葬禮有關的思想打轉（〈走開，活潑的維納斯女神〉）。他的重點不是愛國或英雄人物，反而在布滿塵埃、被穿透鑲嵌玻璃的七彩光線鑲上顏色的墳墓，以及在城垛間築巢的寒鴉上大做文章。國王埋葬在他們加冕的同一個地方這件事，也讓達特大感驚訝；在這些國王光榮的時刻裡，且讓他們牢記「第二次造訪」終將來臨。但這是老生常談了。克倫威爾當權時期的詩人教士泰勒在他《神聖的死亡》一書中已觀察到，「我們國王加冕的地方，就是他們祖先的葬身之處，他們必須踩過他們祖父的墳，才能拿到皇冠。有一畝種植王族種子的田地，它複製最劇烈的變化，從富裕到一無所有，從鑲蓋的屋頂到拱形的棺木，從『生時像神』到『死時像人』。」詩人華勒描寫西敏寺：

它賜給他們皇冠，保存他們的骨灰；
它使他們宛如上帝，又有如凡人那樣安息；
它讓他們的王權循環完成一周期，
那些帝國之光，他們在升起處落下

最早描述西敏寺的詩之一，是由十六世紀擅長諷刺短詩的牧師巴斯塔德所寫、出版於一五九八年的十四行詩：

當我以無比驚異的心情，
看著王公貴族與形形色色的傑出之士安息於西敏寺，
住在黃銅或石製的紀念墓碑裡：
我看到這些人改善後的高貴品行
他們生前無非是恥辱、或驕傲自大、或炫耀賣弄，
再仰望這些不容冒犯的君王，
被除去繁華或世俗的統治權？
如何參與這場在石材上彩繪的遊戲，
承載如今安寧與靜默的幽靈，
曾經全世界都在他們腳下，
也不能滿足或壓抑他們的欲望。
生命是冰冷幸福結成的霜，
而死亡融化我們所有繁華幻影。

某種程度上來說這是公平的——先前的國王與王后之墓，似乎的確將驕傲與恥辱洗滌殆盡；但它也暗指道貌岸然的說教遠勝過親眼所見。有些名望之士一定「在墳墓裡講求氣派」，而較近

期的墓顯然也沒有棄絕自大與炫耀。一首可能出自波蒙特之手、於稍晚寫成的詩，或許是描寫西敏寺最有名的文字：

請留心，並戒慎恐懼，凡人皆難免一死，
肉體的變化在此處何其之大！
試想有多少王族屍骨，
沉睡在這石堆裡，
自今而後遠離舒適的床鋪，精緻的飲食，和所有喜愛的事物
飾以回紋的屋頂，和昂貴的炫耀
來到一個恰好頂著鼻子的棺木蓋下方……

即便這樣的描述也非全然真實，因為這些王族的屍骨，可以說是睡在回紋裝飾的棺墓蓋底下——比他們在世時頭上的屋頂還要豪華。培根指出，亨利七世「死後在他的紀念墓碑中，住得比他在世時在里奇蒙宮或其他任何一座宮殿還要豪華」。

兩世紀之後的歐文，詞藻更華麗：

我思忖著，這巨大的墳墓組合體只不過是令人蒙羞的寶庫；是滔滔不絕反覆訴說虛名的冗長說教，而且必定會被人遺忘！它誠然是死者的帝國；是他偉大幽暗的宮殿；他

莊嚴地端坐，嘲弄人類光榮的遺跡，在王公貴族的紀念碑上撒滿塵土與遺忘。

歐文預期會見到麥考利那幅有名的圖畫——一位紐西蘭人倚在倫敦橋斷裂的橋弓上，速寫聖保羅大教堂的斷垣殘壁，他盼望的是這樣一段時光：風呼呼地穿過教堂破碎的拱門，貓頭鷹從頹圮的塔樓裡發出叫聲，倒下的廊柱上纏繞著長春藤。好吧，沒有任何事物能永垂不朽，這一點千真萬確；金字塔已經屹立不搖了四千五百年，或許還能再撐上個幾千年，但即便如此，它們也有消逝的一天，西敏寺亦然。不過，此刻我們可能更傾向於認為，西敏寺拒絕被遺忘；而歐文對於人難免一死的冥想，比他所知的更受時間限制。歐文冥想的靈感來自於他那個年代西敏寺的灰塵與頹圮，以及下意識地假設這是一個持續的過程。今天，當西敏寺被清理乾淨、修復與重新粉飾之後，我們比較有可能從復原的角度來思考。

無論如何，西敏寺是一則「世俗榮華一場空」的道德啟示，但這則啟示必須與另一個想法對抗：這座教堂沉澱了死亡的痛苦。我們曾聽艾迪森說過，這是一席鼓勵深思，卻也恰到好處的話。關於君王不免一死，克倫威爾執政時期的牧師泰勒提出了一個令我們寬慰的意外說法：「當我們死時，我們的骨灰應與國王的並無二致，我們要算的這筆帳比較容易，而我們的痛苦……應該比較少。」對歐文來說，進入西敏寺是一場時光旅行，是被帶入遙遠的古代，但在其他人心目中，這裡的時間是靜止的。艾迪森閱讀墓碑上的卒日，有些人死於昨天，有些人死於六百多年前，令他想到最後審判日，「到時候，我們將成為同一時代的人，我們都會一起出現。」

歐文也和艾迪森一樣，對於西敏寺混亂不堪的眾多死者印象深刻；他說，「看到這些人擠在一起，在灰塵中緊挨著彼此，真令人不禁失笑」。狄更斯在某次造訪時，腦海裡閃過一個詭異的念頭——如果西敏寺裡所有死者都在夜晚爬起來，街上就沒有地方讓活人走動了。埋在在此地的死者數目的確非常龐大——據某項估計是四千人，在另一項估計中更多——因此到了二十世紀，教堂決定只有骨灰才能葬在此地。然而，西敏寺物以稀為貴的搶購行為已經造成了奇怪的現象，使這些死者變得與活人相去不遠，擠來擠去地爭奪空缺。西敏寺和其他祭祀殿堂裡冰冷的大理石形成強烈對比。另一方面，位於西敏寺南翼殿的「詩人之隅」反而走出了自己的風格。歐文注意到，即便這裡的紀念物造型大多比別處更簡單，訪客卻徘徊得最久。參觀者彷彿置身於「朋友與伙伴之間，這裡的確存在著一種作者與讀者間的情誼」。即便遙想著過去和現在之間的界線已經消逝，另一種伙伴關係卻將生者與死者結合起來。狄更斯幻想西敏寺的死者排成一列精采的隊伍，「每一個世紀後面的隊伍比起前幾世紀的死者，更叫人訝異。」在詩人之隅參加白朗寧葬禮的詹姆士，對此處大感震驚地說道：「不只具有本地性，還有社交性。這裡像是一種團體；在此留名青史的人口是如此稠密……」想像著死者仔細審視每個新來者的聲明，詹姆士幻想白朗寧自己也很樂於被其他詩人探問，甚至是針對他的葬禮可能引發的少許醜聞謠言。他也回憶起麥考利的敘述：「在那靜謐與和諧的殿堂裡，過去二十個世代以來的敵人均安葬於此。」霍桑對詩人之隅中的「死者的在場」很感興趣——「在場」這個字用得很傳神——這是他在別處從沒發現到。和詹姆士一樣，霍桑開心地徜徉在這特殊的社交經驗裡，「這些在場的死者給人一種朋友般的感覺（混雜了令人愉快的敬畏感），這些人你絕對不陌生，雖然截至今日你從未當面見過他們」；霍桑和艾迪森一樣，把這些人全都當成和自己同時代的人，而他也像麥考利，想像舊傷口被治癒：「我們樂見他們齊聚一堂，即便他們在世時分隔好幾世代之遙，或因私人仇恨與其他狀況彼此疏遠。」

誠然，西敏寺裡某些墓碑的安排方式是有趣的，有些則令人感動。我們已經看過信奉新教的伊麗莎白一世和強迫她信奉天主教的姊姊瑪麗埋在同一個墓裡，而此墓正位於被她下令斬首的蘇格蘭女王瑪麗對面。維多利亞時代兩位勢不兩立的首相——自由黨的格萊斯頓和保守黨的狄斯雷利站在相鄰的圓柱前，像兩個比賽鐘聲響起前的拳擊手，側身向著對方，但目光並不交接。麥考利與被他痛斥為變節者的復辟時期文壇權威德萊頓隔著側廊相望。而兩位希臘歷史學家瑟沃與葛羅特，一位是自由黨的主教，另一位是哲學激進派、銀行家兼首相，並排躺在一起。偽造賽爾特傳說中的歐西安史詩的蘇格蘭詩人麥克佛森，長眠處非常靠近宣告他的假冒行為的約翰生。而約翰生和蓋瑞克長眠之處的距離，近得就好像當初他們一起從史戴福郡出發前往倫敦，正要在世上一展鴻圖那樣，中間只隔了一匹馬。

第七章　城市中的教堂

從外面看西敏寺，我們或許會想，它表達了一個七百年來未曾改變的意義：為了崇敬上帝而建，而且崇敬上帝依然是它的日常事務。但從另一個觀點來看，西敏寺外部的意義已經轉變了，不是因為這棟建築本身的改變（雖然它的確改變了），而是因為倫敦這座城市改變了面貌。

對西敏寺最早的描繪來自拜約掛毯，掛毯上有個男人手拿風向雞，踩在類似梯板的東西上，從西敏宮一腳跨到西敏寺屋頂。不管該人物原本是否別有所指，他宣告了王室的西敏地區與宗教的西敏地區之間緊密的關連：教堂與王宮被當作單一複合體中的兩個元素來解讀。中世紀的西敏地區是一個封閉區域，四面環

拜約掛毯中描繪的十一世紀西敏寺。右方是懺悔者愛德華的出殯行列。左方有個人把一支風向雞裝在教堂上，他的姿勢顯示出西敏寺與西敏宮的緊密關連。

水，被水包圍，泰晤士河在東，泰本河從另外三個方向像護城河般圍繞。我們可以從一兩個封閉教堂區對這類空間配置略知一二。例如在索爾斯伯利大教堂，你必須從鎮上穿過拱門才能進入封閉教堂區，你會突然發現，自己恍如置身於不連續的夢境中，來到一個新而寬敞的地方（不遠處的河流隱約可見）。威爾斯大教堂與其聯合建築群——教堂與四面環繞著護城河的主教宮（又是一個臨水的教堂）與唱詩班住宅——構成了歐洲現存最完整、由俗人而非修院管理的大教堂。過去的西敏地區必定也有這般風韻。現在的諾里奇大教堂和索爾斯伯利大教堂，依舊有內部城市比它周圍的外部鄉鎮更寬敞開放的矛盾情形，西敏地區亦曾如此。

中世紀時，西敏寺周圍的城鎮或鄉村，簇擁在孤立於水中的王室和隱修道院周圍，是個散發惡臭、由狹窄巷弄構成的貧民區。到了十六世紀，此處開始有所轉變，甚至在隱修道院消失之前，改變就已開始了。西敏寺在倫敦人的生活中，甚至是在英國的重要性，數次受到大火影響——不是發生在教堂裡，而是教堂之外。一五一二年的大火燒毀了作為王室成員住處的隱蔽王宮，也就是西敏宮那一連串往外蔓延建築物的最南邊。從此，西敏宮不再作為王室的住所，亨利八世建造白廳宮取而代之，白廳宮也成為他在倫敦的主要據點。一五四七年，亨利八世鎮壓宗教學院，包括屬於王宮建築群一部分的聖史蒂芬學院，結束了西敏地區內王室與宗教的另一種互相滲透。聖史蒂芬禮拜堂成為下議院經常性的聚會場所，上議院則使用部分舊的隱蔽王宮。西敏廳繼續當作法庭使用，伊麗莎白統治時期又在旁邊建造另一個法庭。該世紀末，某種空間配置方式逐漸建立起來，並持續至今：法律和立法單位在舊王宮院與新王宮庭院東邊，王宮和宗教建築在西邊。

十六世紀中的西敏地區，此圖為十九世紀複製十六世紀荷蘭地形圖畫家凡登維哈德所繪的倫敦全景。西敏地區雖然與倫敦相連，遠方開闊的田野依然使它具有分隔的特性。圖中的西敏寺是座鄰河的教堂，高度遠超過周圍的建築物。

一六〇〇年，來自波西米亞的年輕訪客華德斯坦男爵在他的日記裡敘述：

我沿著泰晤士河來到西敏小鎮。雖然它距離倫敦城超過一．六公里，我們還是整路都經過建築物。此地因位於城西而得名，它又因它的教堂、法庭和王宮而聞名於世。西敏寺是全英格蘭最好的教堂之一，它無比雄偉與美麗；它是著名的英王加冕與埋葬的場所。裡面有為數眾多的禮拜堂與一些華麗耀眼的皇室紀念碑。

雖然西敏區現在屬於首都裡的都會區，它還是讓人覺得自成一格，也像是一塊瀕臨河畔的地方。波西米亞的華德斯坦將西敏地區視為王室、宗教與行政建築群，教堂本身則被描述為純粹的王室建築，而非國家建築。

對德雷頓而言亦是如此，在他的英國地形考察詩集《多福之國》（一六一三～二二年）中，從泰晤士河看去，西敏區是一個河畔的建築群。它是兩種不同的建築，教堂與王宮：

接下來取悅泰晤士河的偉大建築物是西敏區的建築
她吹噓那龐大的王宮與她最豪華的廟宇：
這土地上的法官席質疑她的教堂
它是舉行我們國王加冕典禮之處，也是他們最負盛名的墳墓。

在這段敘述中，王族成員從王宮中被移走（王宮被形容為法庭），而西敏寺又再次完全屬於王室之用。在玄學派詩人唐恩寫於一五九〇年代的諷刺詩裡，西敏寺仍然是一個屬於國王的地方，而且專屬於國王，即便在此時，富有的平民已經開始擠入他們的紀念碑之中：

他以有如繃緊魯特琴弦發出的高音說道：

「噢先生，提起這些國王，還真令人愉快。」「在西敏地區，」
我說，「管理西敏寺墳墓的那人，
依他所領的那點薪水，不管誰來都照樣行事，
比方說所有那些哈利和愛德華，
只有這些國王和他們所有親戚可以在此行走：
你的耳朵裡什麼也聽不到，只有國王，你的眼裡也只看得到國王；
到那裡的路，就是國王街。」

想像力和政治，以及外觀構造，無不影響了這棟城市建築被閱讀的方式。詩人華勒在內戰之後回顧過去，他並非將西敏寺和西敏宮視為王室與宗教建築群的兩棟建築，而當它們是面對面的敵人：

當其他建築物都倒下，它屹立不搖，預言

王權將戰勝眾怒；
它堅固地位於形成所有惡事的議會旁邊，
這棟吉祥的建築物挺立著，逃過一劫。

一六九八年，白廳宮的大部分毀於祝融，大火再次左右了西敏寺的歷史。造成的結果是王室成員全數撤離該區，國王遷移到聖詹姆士宮和漢普敦宮。白廳發展成倫敦城西端的雅致郊區，和大型現代民居排成一列；此時，西敏寺處於上流地帶的邊緣，其頹圮的建築與未完成的西側立面成為該區的恥辱。一七三二年，國會投票決定撥款將塔樓完成。負責此工程的建築師是雷恩爵士的學生豪克斯摩爾，他在多年前就已自行設計出中央與西側塔樓。

豪克斯摩爾離經叛道的原創性在此處本應太不恰當，但成品（在他死後才完成）倒是中規中矩。他讓塔樓的上半部比下半部略窄，藉此賦予它們輕盈優雅的特質。這兩座塔樓是哥德式的（以約克夏郡的貝佛利教堂為主要範本），但它們沒有假裝成中世紀建築；豪克斯摩爾將古典或巴洛克細節以迷人的手法摻入其中——漩渦形裝飾支撐著的小尖塔，鑲板區域之間的簷，最明顯的是在三角楣飾位置的破山牆。其成果相當令人滿意，高貴而不浮誇。西側立面既莊重而又（在某些細節）詼諧，它並非高不可攀或傳奇浪漫，也不具有巴黎聖母院西側立面表現出來的邏輯與柔美的融合，但立面上該有的幾乎都有。諷刺的是，每個人一想到西敏寺就會想到這個西側立面，但它卻一點也不像教堂的整體設計。

羅馬那佛納廣場最撼動人心的一部分，就是你必須經由窄小的巷弄朝它走近，並在那突然間豁然開朗，來到廣場廣大而明亮的空間。在墨索里尼拆除中世紀巷弄，建造現今無趣的寬廣大道之前，聖彼得教堂的廣場也曾經如此，貝尼尼設計的弧形列柱彷彿向後推擠、糾結不清、較老舊的羅馬城。前往西敏寺的路途一定也曾經具有某些這樣的特質，只是沒那麼明顯。華德的書中人物倫敦間諜從寬敞宜人的聖詹姆士公園前進，穿過一個「狹窄通道」後，置身於西敏寺過去重要的聖域所在地——大聖地區。這個開放空間位在教堂北邊，是現今國會廣場的一小部分。也就是說，你會突然與西敏寺相遇，而它以一種「令人讚嘆的高度聳立著」。十八世紀的西敏寺已經成為稠密城市結構的一部分，房屋向它的北側迫近，環繞著位於西敏寺東翼正北方的聖瑪格麗特教區教堂。東邊的亨利七世禮拜堂擠在一排美麗的現代住宅中。舊王宮院是個在西敏寺與王宮之間被緊密包圍的長方形；新王宮院則類似舊王宮院，位於西敏廳和北邊的住宅區之間。

目前大部分遊客可能是從北邊的白廳來到西敏寺。現在，白廳從特拉法加廣場延伸到唐寧街，其他建築則圍塑成一個封閉的狀態。就倫敦來說，白廳的路寬較不常見——介於一條街和一個長形廣場之間的寬度——很類似今日的牛津大街。遊客從白廳末端繼續沿著古老窄小的國王街向前走（如同唐恩詩中所言：「去西敏寺的路，就是國王街」），國王街直接通往北翼殿盡頭，教堂隱隱約約地出現在遠方。這是一條前往西敏寺很富戲劇性的路徑。

另一條從城中心到教堂的路線是水路。一八〇二年，站在西敏橋上的渥茲華斯宣稱「世界上再也沒有任何景色比這更秀麗」，現在聽聞這看法似乎很不可思議。但在十八世紀中期，倫敦是和歐洲任何城市一樣美麗的地方，也許僅次於威尼斯。從西敏寺向外望去的威尼斯畫家卡那雷托描畫了河流的大彎道，城市裡的建築物聚集在河流上方，最上端是莊嚴巨大的聖保羅大教堂。轉向另一方，卡那雷托畫出河流的曲線，一直通到西敏寺雙塔樓構成新的焦點，遠方是田野和樹林。倫敦第二座橫跨泰晤士河的橋——西敏橋，建於一七三八年與一七五〇年間。倫敦的城市結構一直在改變。在過去，聖保羅大教堂一直是中心點，西敏寺是城市邊緣的王室與行政區。現在都市的中心區在兩座橋之間延伸，從聖保羅大教堂略往下游的倫敦橋，到剛好在西敏寺下游的西敏橋。倫敦西區成為城市中心的時刻，即將到來。

然而，此一過程並不表示緊挨在西敏寺周圍的城市紋理變得稠密；相反地，有更多空間展開來。或許部分原因源自於空間品味的改變——當時社會普遍給予哥德式建築較高的評價，世人想看清楚這些重要的紀念性建築物，當然不希望太多房子擠在旁邊——另一部分原因是希望能凸顯政府與國家儀式中心地帶的尊貴。西敏寺北邊的房子被拆除。雖然大聖地區的名稱依然存在，但當拆除動作往北延伸，最後形成國會廣場時，它也逐漸喪失了其獨有的自明特質。

英國攝政時期的品味，反映在一八一二年艾克曼出版的西敏寺對開版畫集的說明文字裡。這位德國風景畫家很高興教堂旁的房子被清掉，讓觀者的目光得以將教堂「宏偉動人的規模盡收眼底」。艾克曼對於無法清除南邊雜亂的建築物深感遺憾，表示他希望將「和西敏寺非常不搭調的」聖瑪格麗特教堂移走，在別處重建。這類意見或許令現在的人吃驚，但也因此提醒我們，對比於不久之前的空間，聖瑪格麗特教堂目前端整坐落在較大教堂草坪前的模樣才得以出現，彷彿

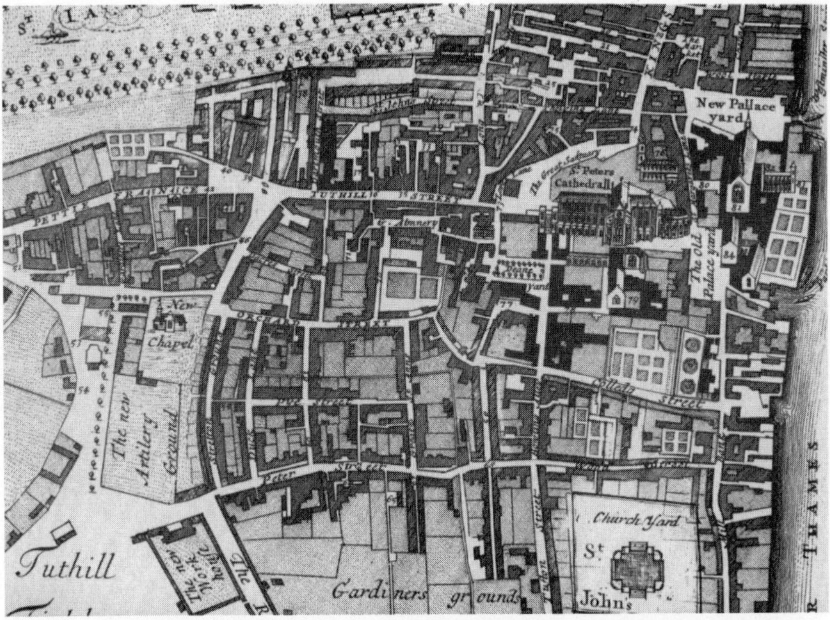

在這張十八世紀早期的地圖上，西敏寺被緊密的城市建築物團團圍住。越過大聖地區往北，是由房屋與巷弄組成的稠密網絡，後來這些房屋被清除掉，該處變成國會廣場。在西敏寺東邊的舊王宮院，依舊保有王宮與修道院複雜的封閉區域特質。

西敏寺下了一個蛋似的。

一八三四年十月十六日，一場大火第三度影響西敏寺的角色。這一次，大部分的西敏宮都被燒毀了。貝瑞和普金建造的新國會大廈改變了教堂與周遭城市建築的關係。西敏寺與王宮之間的聖瑪格麗特路在十八世紀的拓寬工程，已經讓建築物的排列較為寬鬆，這次的重建工程則以一棟巨大的建築取代了幾棟構成舊王宮的雜亂無章建築，王宮和西敏寺終於成為分別坐落於道路兩側的獨立歷史建築，不再是往外擴張建築群的一部分而已。不過，新的建築仿效了亨利七世禮拜堂的牆面鑲板作法、甚至是小塔樓（有人猜想此舉出自普金）的設計，展現出它對背景環境的敏感度。此舉企圖將兩棟建築物刻意結合在一起。或許是出自偶然，我們從西敏寺西南邊的維多利亞街上，可以看到四座新哥德式塔樓同時出現在眼前的巧妙景象：雙塔樓出現在前景，聖瑪格麗特教堂的塔樓（由詹姆士所建，在豪克斯摩爾死後，他眼見雙塔樓竣工）在左邊，後方則是宛如夢幻般的鐘塔（大笨鐘）——這幾座塔樓碰巧都帶有一絲戲謔意味，更別說那一圈超現實的倫敦之眼鬼魅又歡樂地隱約出現在遠方。此幅景象在陽光普照的冬日午後、大笨鐘的鍍金閃閃發光時，最是宜人；若是夏天，有部分畫面會被樹葉遮住。

但是，西敏寺在這一區不再獨占鼇頭。新王宮占地較大，塔樓高聳入雲、外牆的裝飾更加繁複。回到一七八二年，十八世紀德國浪漫派作家莫里茲經由西敏橋進入倫敦，他在地平線上看見兩棟最具特色的建築物，「圓形的、現代的、高貴的聖保羅大教堂在右手邊」，左手邊是與它形成對比的「有著巨大尖頂的長形中世紀西敏寺建築體」。然而此時此刻，首次造訪西敏寺的霍桑卻發現，自己經過了西敏寺卻沒注意到，因為目光「被吸引至較為華麗而招搖的新國會大廈」。

西敏地區的四座新哥德式塔樓：由豪克斯摩爾設計的西敏寺雙塔樓，建於一七三五—四五年，聖瑪格麗特教堂塔樓（一七三五—三七年，由詹姆士設計），以及十九世紀由貝瑞與普金所建的國會大廈鐘樓（大笨鐘）。

經過一番思量，莫里茲決定較早期的那棟建築獲得勝利：「經過風吹雨打和被煙塵燻黑的老舊西敏寺，使這棟全新的國會大廈相形見絀，這真是件美好的事。」直至如今，時間又再次改變了審美觀的天平。王宮已不再是新的，而是蒙上一個半世紀以來倫敦生活所形成的綠銅鏽，反倒是已經清理乾淨和整修過外部的西敏寺，看起來一塵不染。

新國會大廈將西敏寺與河流切開，造成更恆久的改變。幾世紀以來，藝術家一直很喜愛從泰晤士河上描繪西敏寺；現在此景再不復見。教堂依然與北邊的磚造房屋形成對比，高度凌駕其上，一直到十九、二十世紀之交，接連幾棟以波特蘭石建造的超大型紀念性建築物——財政部、米德爾賽克斯市政廳和衛理教會中心教堂——將面積增大的國會廣場圍住為止。西敏寺不再高聳於簇擁在它腳下的凡俗世界，現在它在國會廣場南邊，與北邊的財政部相對——一邊是教堂，另一邊是國家機構。過去對西敏寺的描述常提到它雄偉的高度；但現代遊客有時會因為它不夠高而感到失望。就內部來說，建築物看起來通常是它們實際的高度；但就外部看來，我們對大小的判斷大受周遭環境影響（紐約的聖派翠克教堂是很明顯的例子——它是一座很大的教堂，但其高度從外面看起來卻不太顯眼）。

國會廣場是一個叫人提不起勁的都市空間，其中原因值得我們探究。特拉法加廣場同樣也是在拆除工程中開拓出來的一塊空地，周遭圍繞著品質很差的建築物（聖馬丁教會除外），卻讓人覺得它是個不折不扣的都市中心點。特拉法加廣場的形狀是具有動感的流線型，現在北側新建的人行步道已經徹底改變了它，又新又寬敞高貴的英國國家藝廊廣場因此得以在公眾廣場中脫穎而出。如果能將交通完全淨空，特拉法加廣場或許還能自詡為歐洲最棒的廣場之一。然而，被幾棟宏偉的建築和許多還算不錯的建築圍繞的國會廣場，好像只不過是一個在建築物之間的空間。部分原因是因為邊緣沒有清楚的界線；例如十八世紀中往南延伸成為國會街的白廳，伸進廣場的那一頭就太寬了。倫敦城在西敏寺西南邊是破碎的。當維多利亞人打通西敏地區的貧民窟，鋪出維多利亞街時，他們有了絕佳的機會，可惜卻錯失良機，用黯淡的黃褐色磚塊鋪設路面。這些磚塊幾乎都在一九六〇年代被拆除，以同樣沉悶無趣的石板取而代之——另一次機會就此喪失。因此，西敏寺依舊怪異地位於邊界線上，以它從中世紀以來就夾在倫敦城和郊外之間的位置，繼續影響現代的城市。其他城市在藝術性和紀念性建築的規模都凌駕於倫敦之上，卻沒有任何一個城市能像倫敦市一樣，將政府事務與行政部門事務位於全國生活心臟地帶的概念，表達得如此完善。在西敏寺以北的白廳，官僚體系大行其道；然而來到西南邊，你卻彷彿漫步在羅馬尼亞首都布加勒斯特。

倫敦是個奇怪的城市，既古老卻又沒那麼古老。兩千年以來都屬於英國的倫敦，一直是這個國家最重要的城市，但歐洲其他地方都稱不上如此，甚至巴黎都不是，羅馬當然也不是。然而，和同樣古老的大城市相比，倫敦的過去卻保存得最少。倫敦的建築物中，建於十九與二十世紀的占壓倒性多數，即便是在最有歷史的城區亦然。有幾條街或幾個區保留了十八世紀的風味，但早於一七〇〇年的民居相當稀少（在城中心只有一處）。倫敦大火後的重建拆除了大多數城中的中世紀教堂，包括舊的聖保羅大教堂，古老的文物因此都是出其不意地在倫敦城中冒出來——停車場旁綿延著一道瘦長的羅馬牆，或水泥塊旁邊有安皇后建築風格的棗紅色磚塊。聖巴索羅謬教堂或許是帶人重返過去時光最感人的一棟建築。它的外表乏善可陳，但一走進大門，你就會立刻從二十一世紀一腳跨進十二世紀，聖巴索羅謬教堂是如此古老、灰暗與沉寂，西敏寺給人的感覺與它不相上下。外部幾乎是整套愛德華時代建築的一部分，但大部分的石工其實比周遭的建築物年代還新，門廊則毫無疑問屬於維多利亞時期風格；不過一旦來到室內，你將錯愕地發現自己置身於年代如此久遠、高大與非英國樣式的教堂中，心思在一瞬間從倫敦的散文，轉移到中世紀的詩歌。

不只西敏寺外部與內部形成對比，它的北邊與南邊亦是如此。總鐸庭院南端或許最能看清教堂外觀，從此處看去，西敏寺隱約地出現在一幢幢範圍不大的建築物上方，中世紀和之後幾世紀的建築物隨意混雜在一起。我們從這景觀將清楚了解到，早期的西敏寺從每個面向看起來是什麼樣子。叫人吃驚的是，這些陳舊的神職人員房屋是多麼簡陋、多麼搖搖欲墜，粗糙的石頭中還補綴著磚頭，而喬治時期窗戶美妙的不規則形狀則凸顯出一棟年代較久遠的建築；我們就像是從大都會中突然被帶往鄉村教區教堂的封閉教堂區。孤寂而憂鬱的口吻重複出現在之前訪客的描述裡，但似乎與西敏寺今日的特質相去甚遠。不過即便是現在，尤其是在冬季，通往迴廊南邊的通道和小天井，或許依然符合歐文筆下所描繪的，那一塊保有舊日遠離塵世特質的地方，以及承受「歲月逐漸侵蝕的痕跡，而正是在這衰敗中，存在著某種感人與美好的東西」。西敏寺的神祕世界（或看似神祕的世界）提供大家特殊而稀奇的都市體驗。這些寂靜、腐朽的區域幾乎一如荒廢的農村，散發出詭異的氣息，它們是教堂裡最古老的遺跡，年代可早至十一世紀。而從它們的南邊敞開出去，則是意外寬敞的西敏寺花園區。花園以另一邊的一面牆與東邊相連，政客昂首闊步走過這片草地，去對著電視台的攝影機發表關鍵言論；只有一道薄薄的牆將這兩個完全迥異的世界分隔開來。

雖然倫敦保留的過往遺跡比其他許多大城市還少，卻在西敏地區保存了一個獨一無二的中世紀建築群，其中包括的不只是西敏寺和它的附屬建築，也包括現存的部分中世紀西敏宮，其規模比大部分人所理解的還要龐大。相當奇特的是，西敏廳擁有史上最華麗的木造屋頂，而它的對街恰恰好正是亨利七世禮拜堂華麗無比的石造屋頂。西敏廳可能是歐洲最好的中世紀廳堂，令人發思古之幽情，查理一世在此受審後被送上斷頭臺，令人慚愧的首任印度總督海斯汀在此因貪腐被彈劾，現在參觀者已無法輕易進入此處。過去，你可以在一天之中的任何時候走進西敏廳，而即便是在加強安全管制的現代，應該還是有可能進入的。我們應該開放包括西敏寺和西敏廳在內的整個西敏地區給大家欣賞。

繁忙的車輛在西敏寺和國會大廈之間橫衝直撞、隆隆作響，行經相隔只有幾公尺之遙的亨利七世禮拜堂東端同樣是一樁令人憤怒的事。諷刺的是，這條狀況惡劣的幹道有某一段依舊背負著「舊王宮院」的古老名稱。如果可以排除或減輕繁忙的交通，重新設計此區，我們應該就可以體會到將修道院與王宮當作一棟宏偉複合式建築群的感覺。很可惜的是，舊王宮院西邊的房屋和繼續往前延伸而成的艾賓頓街已經消失了（有些喬治時期的房子一直到距今不遠的一九六〇年代才被拆毀，成為興建一座地下停車場的犧牲者）。現在的幾塊草皮和地磚鋪得既蠻橫又叫人覺得難堪，比較像是清理過後的考古發掘現場，而不是規畫良好的都市空間。一位優秀的景觀建築師當然可以將它改頭換面。既然說到這件事，曾經沒有交通問題但現在卻深受其害的國會廣場，或許終究會讓人大感訝異也說不定（目前有一項將國會廣場改建為行人專用區的計畫，卻受到經費短缺的威脅）。由西敏寺與國會大廈形成的哥德式建築群，以及由喬治時期、維多利亞時期和愛德華時期建築所形成的白廳建築群，如果在其中注入更多的風格與尊嚴，這些建築將成為倫敦一個非常經典的紀念性建築中心。它終有一天會完工，需要的只是一些經費、一些勇氣和一些想像力。

第八章　國家聖殿

西敏寺的故事有一部分到十九世紀末即告一段落，那延續了六百年的藝術能量就此停歇。墓葬雕刻幾乎完全停擺，部分原因是此種展示方式已經落伍，另一部分原因是空間不夠。不過，這並不表示這座教堂不再是一棟有活力且不斷改變的建築。二十世紀以來，新的彩繪鑲嵌玻璃繼續在教堂中出現。在一段橫跨了四十多年之久的時間裡，中殿北側廊鑲上了一排由教會建築師兼設計師康波所設計的彩繪鑲嵌玻璃。眾人對康波的評價不一：貝傑曼推崇他；佩夫斯納不予置評。康波的品味是精緻細膩、具裝飾性而奢華，但稍嫌有氣無力（被問及他替巴黎樞機主教設計的長袍，他以矯揉造作的口音回答：「我只不過是用鳶尾花圖形來設計。」）我們可能以為，康波的彩繪鑲嵌玻璃風格對西敏寺來說太缺乏活力，但事實上卻出其不意地合適。二次大戰後，西敏寺改用技巧高超但過於多愁善感的伊斯頓所製作的彩繪玻璃。最新的玻璃則是亨利七世禮拜堂裡一扇由楊格設計的窗戶，於西元兩千年裝設完成；右下角以中世紀常見的跪姿來描繪捐贈者，帕克漢的哈利斯男爵與其夫人。自二次世界大戰以來，西敏寺內部某種程度來說都是修復工程，目的是回溯至接近十六世紀的面貌。但是，我們難免覺得它反映了一九五一年就任西敏寺總建築師戴克鮑爾的品味。那是種獨特的審美觀，奇妙地混合了敏感、拘謹與炫耀——和康波有幾分類似，但欠缺康波敏銳的鑑賞力。在戴克鮑爾的主導下，西敏寺的牆面被清洗乾淨，在敵人攻擊行動中受損的維多利亞時期彩繪鑲嵌玻璃則被取下，換成平板玻璃，並裝上愛爾蘭著名的瓦特福德水晶吊燈。伊麗莎白女王一世時代的墳墓上面閃閃發亮的鍍金與繪畫，很適合那種半野蠻的富麗堂皇；以類似手法處理的祭壇屏幕也光彩奪目。戴克鮑爾還設計了中殿與翼殿交會處的天花板彩繪，其設計風格與其說是哥德式樣，不如說是哥德復興式樣來得恰當。

教堂外部的建築物雕刻作品依然持續進行，包括新的枕樑和特別的裝飾，還有那些建於二十世紀、賞心悅目的近期基督徒殉道者雕像，它們於一九九八年被安置在西側門上。政府相關古蹟保存單位希望將這件工作派給知名雕刻家，但主任牧師與牧師會堅持這件工作應該由負責教堂修復的工匠製作，才能將中世紀傳統延續下去。雖然過去數百年來西敏寺的藝術贊助者以不同形式提供贊助的方式仍然持續進行著，但有些事情已經改變了。現在我們見到的，是光榮地保留某些特別而傳統的技藝，而不是當代藝術的主流。事實上，在整個二十世紀，西敏寺的審美觀恰巧非常保守，此點顯而易見。許多主座教堂和教堂冒險使用較為鮮豔的彩繪玻璃，有的是一場災難，有的卻極具啟發性，什麼樣的後果都有。當其他教堂裡有摩爾和海普渥斯的雕刻時，西敏寺卻沒有。藝術家蘇德蘭和派博替其他老教堂製作玻璃、織毯和繪畫，但這裡也沒有這些作品。事實上，美術工藝運動時期、新藝術時期和現代主義時期的作品，在此完全缺席。西敏寺在這方面欠缺一些膽識。不明就裡的人或許會斷言，這種美學上的畏怯正符合了西敏寺的重要性已然降低的情形，西敏寺已優雅地退居幕後，成為典藏歷史與傳統的高貴角色。但這是大錯特錯。二十世紀賦予了西敏寺新的政治重要性——這裡的「政治」，可以是廣義上對大眾心境的影響，不管地點在英國本土或國外；也一如我們即將看到的，可以是政黨政治的爭奪戰。而這則新故事，溯源自維多利亞時期。

十九世紀下半葉，聖保羅大教堂成為英國國教高派教會最有影響力的教堂，由牛津大學歷史學家邱吉擔任總鐸，他是主張恢復天主教思想和傳統儀式的牛津復興運動一員，而布道極具魄力的傳教士李頓則擔任教會的誦禮司鐸。西敏寺同樣開始吸引大批會眾，方向卻大不相同。一八六四年，史丹利被指派為西敏寺總鐸，他是一位意志堅定的宗教自由主義者，也是實際上將西敏寺轉變為國家教堂的人。史丹利在一八八一年臨終時宣布：「我謙卑地相信，在國家精神之前，我已經維繫西敏寺作為一個宗教、國家與自由機構的非凡價值。」這些形容詞字字份量不輕：在過去的一個半世紀以來，西敏寺一直試圖平衡在國家、自由與宗教訴求之間偶發的衝突，不管就宗教或俗世而言，西敏寺的歷史都是一個持續擴大的包容物。

早在十八世紀初，西敏寺就開始顯現對宗教差異採取較為包容態度的跡象。薛斐爾（一六四八年—一七二一年）有可能是其中的推手。薛斐爾是第二次授封的第一任白金漢公爵，是位業餘文人，也是德萊頓的贊助者和教皇的友人。教皇一出生就是羅馬天主教徒，而德萊頓在詹姆士二世短暫的統治期間曾造訪羅馬。當天主教徒詹姆士二世在光榮革命中被罷黜，他信奉新教的女兒瑪麗二世與女婿威廉三世取得王位時，德萊頓的桂冠被摘了下來。不過，當德萊頓於一七〇〇年過世時，總鐸史普雷特設法讓他葬在西敏寺裡，而且是以最正式的儀式安葬。之後，白金漢公爵薛斐爾出錢替德萊頓建造紀念碑，還不忘在墓誌銘上記錄自己的慷慨大方。

雖然薛斐爾曾對天主教徒表示同情，至少有時如此，他自己的墓卻似乎暗示他不輕易接受任何種類的宗教教條。我們已經看到薛斐爾在亨利七世禮拜堂用自己的紀念墓碑粉碎了王室對西敏寺的壟斷，並在墓碑上刻著冷淡、有條件效忠國王的文字。但薛斐爾的墓誌銘更叫人詫異：

Dubius, sed non improbus vixi. Incertus morior non perturbatus; Humanum est Nescire et Errare. Deo Confido Omnipotenti Benevolentissimo. Ens Entium Miserere mei.

（我活著時心存疑惑但並非不誠實，我死去時並不篤定但一無所懼。無知與犯錯是人之本性。我相信全能與仁慈的上帝。存在者之存在，請憐憫我。）

這段話的震撼力來自於它遊移在類似斯多葛學派的驕傲與類似基督教的謙卑之間。其結尾由具戲劇性，「ens entium」，也就是「存在者之存在」的抽象哲學概念，與彌撒的古字「miserere mei」相牴觸。由於白金漢公爵薛斐爾在西敏寺裡紀念一個信天主教的傢伙，因之將自然神論帶了進來；他從兩個截然不同的方向擴大了它的神學理論。毫無疑問的是，這些事情用晦澀的學術語言說起來不但更容易，而且更簡潔。

然而，直到史丹利擔任總鐸的時候，西敏寺才把擁抱泛基督教主義——我們現在應該這麼說——當作明確的使命。史丹利是個狂熱的自由派英國國教教徒，追尋著他心目中的英雄，英國國教自由派阿諾德的腳步。當史丹利還是拉格比公學的學生時，阿諾德曾任該校校長，史丹利甚至替阿諾德做傳。史丹利邀請不同教派的知名傳教士來布道，包括自由教會的教士和非教士的一般信徒，甚至准許一位唯一神教派的信徒領聖餐，因之激起眾怒。他還安排了幾場大受歡迎的葬禮（如果我們可以這麼稱呼的話），而這是需要外交手腕的。仔細想想看，把死者弄進國家偉人祠裡這種事還真有些棘手。要一般人提早安排身後事總叫人不太自在，遺孀或子女通常必須在痛苦的時刻倉促做決定。在地的愛國主義和家族忠誠也是一樣的態度。替約翰生做傳的日記作家鮑斯威爾以為，約翰生對於即將在西敏寺舉行葬禮一事很滿意，這在任何人的想像中都是合情合理的，不過當這位蘇格蘭地主繼續往下說時，大家都聽到了他的話，「對於那些沒有家族墳墓可讓他在父親身旁安息的人而言，的確如此」。狄更斯希望能安葬在羅徹斯特教堂，但當他於一八七○年猝逝時，輿論認為他應該長眠於西敏寺，史丹利於是設法與狄更斯的遺囑執行人溝通。對方提出的條件是，葬禮的時間與地點必須保密。因之，他們在夜晚將南翼殿的墓挖好，準備次晨安葬遺體。但消息卻傳了出去，大批群眾蜂擁而至，跑來觀看敞開墳墓裡的棺材；中世紀以後就再也沒有這般朝聖之旅了。「狄更斯是那種值得去偷竊的作家，」作家歐威爾寫道。「假如你仔細想一想，甚至將他的遺體葬在西敏寺，都是一種竊盜行為。」不過這麼說並不公允。史丹利並非為了建立名聲才搶走狄更斯的遺體，他是在回應大眾的意願，開放自己的教堂，欣然接受此一提議。也因此，半出於意外地，西敏寺開始了它的新事業，成為熱門的典禮與紀念儀式場所。

蘇格蘭傳教士李文斯敦死於非洲內地，即便如此，史丹利卻保證他能葬在西敏寺。李文斯敦的心臟留在他奉獻生命的那塊大陸上，身體的其餘部分則被帶到海岸邊，以樹皮和帆布包裹，運送至倫敦。將一位長老教會傳教士葬在這座英國國教所屬的教堂是一項意義重大的舉動。史丹利自己的墓建造得比之前或之後任何一位西敏寺總鐸更為豪華。他的葬禮舉行於一八八一年，詩人阿諾德特地為此寫了一首頌歌，詩歌名稱很簡單，就叫做《西敏寺》；不幸的是，這卻是阿諾德特最差的作品之一。首相狄斯雷利堅持自己應該在妻子身邊長眠，也就是他的故居所在，英格蘭西南部白金漢郡的休恩登；因此西敏寺不會為他舉行國家葬禮，女王為此大為失望。但十七年後，四度當選首相的格萊斯頓以全套國家禮儀安葬在西敏寺，女王再次大失所望。當達爾文於一八八二年逝世時，西敏寺看來是他唯一可能的安息之處，在當時，幾乎沒有人認為他的「未知論」是他葬於此地的障礙。佩爾摩公報宣稱，達爾文是「繼牛頓以來最偉大的英國人」，而現在這兩人並排在一起。達爾文的葬禮和牛頓的葬禮一樣莊嚴盛大：西敏寺裡的抬棺者不只有達爾文的科學界同僚——生物學家華萊士、赫胥黎與植物學家胡克，還包括兩位公爵和一位伯爵，加上英國皇家學會會長以及美國大使。然而，這場葬禮又一次違背了死者的意願：達爾文深愛他位於肯特郡小村莊唐恩的家，希望能長眠在教堂外的墓地裡，與他的哥哥和兩個嬰兒時期便死去的孩子葬在一起，「那是世界上最甜蜜的地方」，他曾經這麼告訴一位友人；但達爾文的遺孀覺得，她必須接受將夫君葬在西敏寺的榮耀。達爾文的愛犬波麗在幾天後死去。至少，他們讓波麗在英格蘭南部平原石灰土的地底安息，和她的主人最後致力研究的蚯蚓躺在一起。達爾文的兒子將波麗埋在果園裡的肯特蘋果樹下。

史丹利自己對於改善西敏寺內部的裝潢或禮拜儀式方面，沒有太大興趣，但他擔任總鐸任內，的確見到維多利亞時代教堂內部的主要改建工程，也就是由史考特爵士設計的祭壇和祭壇背後的裝飾屏風。在祭壇揭幕儀式上的演說中，史丹利不但表達了對過去傳統的延續，也顯示對現代風氣的從善如流——這樣的組合常見於西敏寺中：

> 我們這些上帝謙卑的僕人，極度渴望祂以父親般的仁慈接受它，作為我們的聖餐奉獻禮和復活節祭品。「大地是主的，它因此而豐饒」：那裡的萬事萬物都有美，存在於雕刻、詩、繪畫或建築中，那裡的萬事萬物都有技巧，存在於機械裝置中，萬事萬物都有宗教的一面，都有其連結，如果能被找到，這連結將事物與上帝的寶座和天堂之門結合在一起。我們中部採石場所產的雪花石膏，康瓦爾岩基中的大理石，威尼斯島上七彩的鑲嵌畫，來自埃及尼羅河岸或土耳其博斯普魯斯海岸的斑岩，和來自遙遠的亞洲與美洲海岸的珠寶，這一切現在都如實地結合在上帝的禮拜中，祂給我們異教徒做為我們的財產，以及全世界最遙遠的地方做為我們繼承的遺產，好比用來建造所羅門王宮殿的厄斐所產的金子與印度所產的檀香木。

這些字句附和聖經與《英國國教祈禱書》的內容；不管有意或無意，它們也重複之前的描述，也就是威爾修道院長從義大利帶回珍稀的異國石頭，鋪在祭壇前的地板上。我們已經聽過福雷特如何形容威爾取得的「斑石、碧玉和希臘塔索斯島的大理石」。在查理二世統治時期，奇普對鋪砌的地面讚嘆不已，「大多數人為的作品和賞心悅目的雕像，是用碧玉、斑石、里底亞石、試金石、雪花石膏和蛇紋石所做成。」此刻，到了十九世紀，輪到史考特將他祭壇的平台嵌入三圈埃及斑岩，這是愛爾琴伯爵從東方帶回，由他孫子獻給西敏寺的；一段拉丁銘文記載了這些石頭來自古拜占庭。

這意味著數世紀以來，西敏寺裡有很強的延續性。但西敏寺也曾有過改變。西敏寺在十三世紀興建於位處基督教世界邊緣的島國上時，亨利三世與威爾修道院長的工作是試圖打造一個文化或精神信仰的中心，以與法國和羅馬連結。相較之下，史丹利巧妙的辭令呈現了西敏寺為一核心場域的姿態，讓其他國家帶著他們的崇敬前來。西敏寺和十九世紀讚美詩有著相同的世界全景——十九世紀讚美詩詩人加爾各答主教希伯眺望的目光，從〈格陵蘭的冰山〉延伸至印度、非洲和爪哇；奧克雷的讚美詩〈四方歡欣頌揚〉，想像南方海洋和極東與極西的珊瑚礁島嶼已被基督教化。史丹利想必明白他錯誤引用詩篇的第二篇。「向我索求，」它說，「我**將會**給汝……世界最遠處作為你的田產。」這古代以色列幻想中的承諾，顯然在英國維多利亞女王時代成真了。從新的祭壇即可看出此事不假。啟示錄裡的這句話高高地刻在屏風上：「這世界上的王國，將成為我們的天主與祂的耶穌的王國。」寫出這些字句的作者已經在腦海中描繪出一幅最後啟示的景象，但在此一場景中，他們似乎在慶祝傳教活動在帝國興起之際遍布各地。西敏寺完全沒有民族主義的色彩，沒有這「瘋狂吹噓與愚昧的字眼」（引自一九二〇年在無名將士葬禮中吟唱的吉卜林警世詩〈退場讚美詩〉），但無法完全避免沾染上大英帝國的氣息。

然而，史丹利自己的願景比較國際化，不那麼帝國化。雖然他將西敏寺形容為國家的公共建築物，但他也希望西敏寺能服務整個英語世界。顯然，史丹利有個「美國政策」。據說波士頓的非正式主座教堂三一教堂為了紀念史丹利曾經前往布道，為他打造了一座半身胸像。美國人不時宣稱他們對西敏寺的所有權。據說十九世紀美國參議員韋伯斯特進入西敏寺時，淚水奪眶而出，而霍桑宣稱，「美國人有權以西敏寺為傲；因為大部分長眠於該處的人，不但是英國的偉人，也是美國的偉人。」這種情緒來自美國白種人大多仍是英國後裔的年代，在當時，那些美國人更需要望向國境之外，以使他們的國家更有歷史深度。不過，西敏寺與美國的關連可追溯至殖民時代。霍桑認為華倫爵士（逝於一七五二年）英勇地率領美國新英格蘭人攻下加拿大新斯高沙省的聖路易斯堡，應該當之無愧地在西敏寺墓地占有一席之地（華倫的美國妻子出錢請胡比利亞可為丈夫製作紀念碑）。英國直轄殖民地麻薩諸塞省則替英國海軍上將豪爾在西敏寺設立紀念碑，他在一七五八年遠征紐約州的提康德羅加要塞時被殺害；看到這座展現忠誠的紀念碑讓人覺得十分有趣，它比殖民地居民在自己土地上建蓋的任何紀念碑都還宏偉。隔沒幾年就發生了波士頓茶葉事件，而且是發生在清教徒聚居的新英格蘭，不是在英國國教徒的殖民地，如維吉尼亞州。

霍桑很失望，因為他只能找到一個土生土長美國人的墓（這是他的說法），那就是博物學家瑞格。瑞格有「絕大多數反美運動人士的特質，他忠於他的理念」的紀念評價——這是個啟人疑竇的史實批判，不過卻是早年反美活動概念下的例子。瑞格於一七七七年從南卡羅萊納坐船到英國時溺死，紀念碑上刻著悲情的墓誌銘。在他隔壁是安德烈少校的紀念碑。安德烈少校被華盛頓以間諜身分吊死，華盛頓不但拒絕了他自己這邊的人提出的慈悲要求，也拒絕了受難者希望由行刑隊執行槍決以光榮死去的懇求。該事件在英國本土激起了憤怒情緒。浪漫派詩人索爾寫道：

噢華盛頓！我以為你是偉大而善良的，
殊不知你像尼祿般貪婪地渴望無辜者的血，
你嚴酷地使用命運所給予你的權力，
你這冷酷無情的勇士謀殺者。

相形之下，主角安德烈少校的紀念碑對這次事件的敘述顯得保守許多。優美的淺浮雕上描繪著華盛頓拒絕表現慈悲，安德烈被帶往刑場的場景，還有兩個哀悼的人物，據稱是代表「無辜」與「憐憫」；紀念碑上沒有文字或圖像的明顯批評，銘文上還聲稱「甚至連他的敵人也為他哀悼」。這個故事還有續集。一八七九年，在安德烈死去的地方豎起了一座紀念碑；銘文記載他的遺體已被移往西敏寺，並接著頌揚「那些更好的情感從此將兩個國家在種族、語言和宗教上合而為一，希望這友好的聯盟永不破裂。」銘文最後是作者的名字：亞瑟·潘萊恩·史丹利，西敏寺總鐸。紀念碑上還引述了華盛頓向這位被他處以死刑的男人致敬的文字。故事以和解告終（或許其中帶了些焦慮的辯白）。

到了史丹利的年代，還有其他事情也在改變。在霍桑那時，雖然美國人宣告著西敏寺是他們歷史遺產的一部分，西敏寺本身並沒有回應這種感受。然而當美國日漸強大，歐陸移民開始轉變這塊地方時，英國人變得更有興趣聲明這兩種說英語的人民之間的連結。我們在西敏寺牆上可以讀到以下故事。一八八四年，朗費羅的半身胸像設在南翼殿供後人景仰，銘文如此聲稱，「仰慕一位美國詩人的英國人，將這座半身胸像和英國詩人的紀念碑放在一起」。相反地，西敏寺在一八七五年裝上了紀念英國詩人赫伯特和古伯的彩繪鑲嵌玻璃，上面的拉丁銘文記載捐贈人是「美國公民喬治・威廉・柴德」。當業餘文人兼前美國駐倫敦公使羅威爾於一八九一年逝世時，「他的英國友人」在教士會議廳入口設了一塊描繪羅威爾頭像的紀念匾額。後來，此處又加上了另一塊紀念第一次世界大戰期間美國駐英大使佩吉的飾牌，上面寫著他是「在大英帝國最迫切需要時給予援助的友人」。更迫切的需要還在後頭；在羅斯福總統的紀念碑上，牢記著二次世界大戰中美國對英國的支援。這塊紀念碑顯眼地放置在中殿東端，面對無名戰士紀念碑，而且是由「英國政府建造」。

我們已經知道西敏寺有多常放眼海外，特別是望向藝術或屬靈權柄的法國與義大利。因為英國地處歐洲外圍，遙望歐陸宛如遙望中心點。但逐漸地，英國自己成為中心點，西敏寺也成了其他國家的權威來源。雖然受限於美國這個國家政教分離、英國國教徒占少數的狀況，但華盛頓特區的國家大教堂盡其可能地想創造另一個西敏寺的意圖卻非常明顯。在設計上，國家大教堂以成為完美的哥德大教堂為目標；在功能上，國家大教堂的角色是全國的精神重心。和西敏寺一樣，國家大教堂向海外尋求靈感，只不過現在它的對象是英國，較少學習法國。國家大教堂最初的建築師之一是英國人伯德利，他將自己的英國經驗帶至華盛頓，如同雷內斯的亨利也曾將他的法國經驗帶到西敏寺。而正如同雷內斯的亨利將漢斯大教堂和聖禮拜堂的樣式帶到倫敦，國家大教堂也根據坎特伯里大教堂和林肯大教堂來設計它的樣式：那三座塔樓的比例與造型特別根據坎特伯里大教堂的塔樓來建，盤踞山頭的地點與西側正面巨大的壁龕則令人想起林肯大教堂（也是一棟有三座塔樓的教堂）。至於內部，國家大教堂樓座的設計和西敏寺尤其類似；其中最明顯的法國特色是東邊半圓形的環形殿，不過這點當然出自西敏寺風格。威爾曾經從羅馬帶大理石回來製作西敏寺聖祠的地板；國家大教堂則是在講壇處加入來自英國國教教會母教堂坎特伯里大教堂的石材，並在其他地方使用來自薩默塞特郡的格拉斯頓伯里、約克郡的惠特比和蘇格蘭艾奧納的石材。一個民主共和國裡不可能有王室陵墓——或者仍然有可能？美國第二十八屆總統威爾森長眠於頂篷下的石製棺木，並在此受人景仰，或多或少有點像西敏寺裡金雀花王朝的王族。而這或許傳達出某種真相——美國開國元老從英王在英國憲政體制中的地位，發展出總統此一概念。我們難免不這麼說，英國不同於美國，它依舊維持君主立憲政體，或許還是世界上唯一真正的君主立憲政體。

位於華盛頓的國家大教堂十分富麗堂皇，但沒有人會說它能與西敏寺在英國人心中存有的情感相匹敵。我們或許可以用霍桑的話來形容它——灰色、光亮、冰冷、清新，以及新穎、莊嚴，但這些是霍桑把聖保羅大教堂拿來和西敏寺對照時，形容前者的字眼。有別於華盛頓國家大教堂高高在上，坐落於雜亂無章的城市上方，遠離市中心，西敏寺建在錯誤的地點，或說建在不適當的城市——它建在行政首都，而不是在國家的核心地帶。倫敦是一個有著複合功能的城市，是一個集國家的行政、文化、財政與商業首都於一身的城市，和巴黎、開羅與世界上其他幾個少數城市相同。同樣地，西敏寺也是個混雜各種功能的教堂，它最初並不在城市核心地帶，但現在的它卻是。在這裡，有太多風格融合在一起，有太多個世紀彼此碰撞衝突。西敏寺是成功的「國家大教堂」，因為它本身就像一個國家，活躍在不同的年代裡，隨之改變，但又有其延續性，它被摧毀、被侵蝕，而後又被重建。西敏寺之所以成功，是因為它並非一開始就是個國家級的教堂，它的功能是在沒有刻意設計的情況下演變而來的；演化論的倡導者達爾文葬在這座教堂裡，真是再適合不過了。

第九章　慶典場所

自征服者威廉以來的每一位英國君主都在西敏寺舉行加冕典禮，除了愛德華五世與愛德華八世；這兩位國王根本沒有被加冕。英國的加冕典禮分成幾部分：正式承認，源自於法蘭克國王與盎格魯薩克遜國王的歡呼通過儀式；宣示，象徵君王與人民之間的契約；加冕，源自於羅馬人的習俗；塗抹聖油，以舊約聖經為本，其中記載教堂使君權神聖化；以及上議院（但沒有下議院）對君王的效忠，這是封建時代的遺風。在根本上，這一套儀式可以追溯至盎格魯薩克遜時代，時間超過千年之久。但有些歷史學家與社會學家將英國加冕典禮視為「傳統的創新」的範例，他們主張，加冕典禮的意義不斷地改變，那些我們熟知的、令人眼花撩亂的盛大場面大多是現代產物，存在時間幾乎不到一百年。這種說法的真實性有多高？

可以確定的是，加冕典禮在不斷地重複之下，已經帶入某些創新，或者擁有屬於它自己的特性。理查二世在加冕典禮前，從倫敦東緣的倫敦塔穿過市區來到西敏寺，一直到查爾斯二世之前的國王都遵循此項慣例。愛德華六世是第一位被加冕的新教徒，也是第一位被他統治的教堂加冕的國王。瑪麗一世拒絕在加冕王座上加冕，因為她那位異教徒弟弟曾經坐在那裡。伊麗莎白一世是第一位以英文舉行加冕典禮的君王；據說她抱怨塗聖油儀式所用的油味道很難聞，藉此宣稱她那絕無戲言的新教徒教義。坎特伯里大教堂的樞機主教拒絕替她加冕，因此伊麗莎白一世必須屈就於卡萊爾大教堂的主教。蘇格蘭王詹姆士一世的加冕將英格蘭和蘇格蘭的王權合而為一。查爾斯二世的加冕代表了在十多年的共和政府後，君王復辟的開始。信奉羅馬天主教徒的詹姆士二世拒絕從英國國教的主教手中接過聖餐禮，因此必須縮短這部分的儀式。威廉三世和瑪麗三世是情況特殊的雙君主制；威廉登上加冕王座，他們不得不製作另一張椅子好讓他妻子加冕。喬治一世是不會說英語的德國人。韓德爾的加冕聖歌使喬治二世的加冕典禮更顯尊貴；從那時候起，其中最有名的一首聖歌「祭司撒督」就伴隨著每一場加冕典禮的塗聖油儀式。在喬治三世的加冕典禮上，馬歇爾伯爵的副手因為犯了各種笨拙的錯誤而向國王道歉，並有欠圓滑地加了句「下一次他會把所有事情安排好」。這個下一次要等到六十年後的喬治四世加冕典禮。喬治四世為這場典禮花了一筆空前絕後的經費；他甚至把雷恩爵士的祭壇屏風拆掉，以便能在教堂東端多裝幾排座位。但這番大手筆卻被一樁醜陋又可悲的鬧劇給蒙上污點，因為他分居的王后卡洛琳原本被禁止參加典禮，但她拚命地試圖從西敏寺上鎖的門進來，最後淚流滿面地被趕出去。和喬治四世相反的威廉四世討厭加冕典禮，他只同意在持有異議的狀況下加冕；即便如此，威廉四世仍大幅刪減儀式，以至於這次加冕典禮被戲稱為半加冕典禮（Half-Coronation）（這是拿半克朗〔crown〕錢幣幣值開玩笑）。維多利亞女王的加冕典禮以錯誤百出而聞名；歌聲難聽，神職人員糊里糊塗，一位年長的上議院議員在宣示效忠時跌倒，坎特伯里樞機主教硬是把女王的戒指用力套在不對的手指上。

基於上述種種，我們可以在以前的加冕典禮中找出非常誇張的混亂狀況。顯然許多人覺得這項儀式讓人印象十分深刻。「什麼是全世界最美麗的景象？加冕典禮。」華爾波在參加喬治三

詹姆士二世的加冕典禮，西元一六八五年。雖然詹姆士二世是英國最後一位信奉羅馬天主教的國王，但加冕典禮卻依照英國國教的儀式進行，主教都穿著新教徒莊嚴樸素的長袍。

世的加冕典禮後如此寫道，即便在他眼裡這場儀式本身只是一套戲法而已。維多利亞女王的加冕典禮在許多幅繪畫和版畫裡看起來都十分美好。當然，這些圖畫或許將加冕的場景浪漫化了，但有趣的是我們至少可以找出一幅畫，上面畫著年輕的女王協助腳步踉蹌的議員站起來。此舉讓人覺得美好又充滿人性光輝，而不是（若是現在就會如此）一場近乎軍事行動般準確無誤的表演中，一個令人尷尬的失誤。事實上，廣播與錄影改變了公眾儀式的性質：當每一個細節都可以被看到、被重溫千百遍時，就需要做到之前的年代不期望達到的正式與精確。「禮拜儀式是崇高、嚴肅與篤信靈魂的歌劇」，法國歷史學家泰恩在一八六二年參加一場西敏寺的禮拜之後說。而目前，王室的聖職授任儀式就是一場以最高國際標準來製作的歌劇。每一件事都必須預演；我們的祖先可能會覺得預演多少有點不恰當。最後一位葬於西敏寺的英王是喬治二世，華爾波對那場葬禮所做的知名描述有幾分喜感——笨手笨腳的主教，如丑角般的公爵，群眾就地或坐或站，並不端莊有禮——但他還是深受感動：

西敏寺的入口是有魔力的，穿著華麗長袍的主任牧師與牧師會成員在那裡迎接我們的到來，唱詩班和接受救濟的貧民全都拿著火把；整座西敏寺亮晃晃地，比白天看起來更清楚，墳墓、長長的側廊與飾以回紋的屋頂，看起來清晰無比，並且顯現出最愉快的光影。此處除了燻香之外別無所需，小禮拜堂裡到處是替長眠地底的死者望彌撒的教士——但我們不能抱怨它的羅馬天主教色彩不夠。

華爾波以浪漫派品味的預言家身分發言，話中卻也暗示著，即便是在十八世紀，一場教會的盛大典禮是多麼令人動容，以及在官方的英國國教派被認為太過枯燥乏味的年代裡，天主教和中世紀是多麼能引發種種想像。華爾波預告了維多利亞時代的儀式主義，及其對於哥德風格的熱中。

然而，十九世紀晚期的典禮出現了一種新的奢華風。一八八七年舉行的維多利亞女王統治五十周年慶典，或許可視為現代舉行的首次王室慶典，場面盛大、歡樂中夾雜著悲傷的一連串節慶就此展開，大為流行，成為二十世紀英國大眾生活的一部分。在感恩節禮拜儀式中，女王不是坐在王座上，卻是坐在加冕王座上；到現在她還是唯一一位坐過兩次加冕王座的君主。她以她獨特的個人風格在日記裡記錄該慶典：

> 我獨自（噢！我那至愛的丈夫不在身邊，否則這對他來說會是多麼值得驕傲的一天！）坐在四十九年前在此接受公親貴族與上議院議員宣示效忠的王座上，就在這張愛德華一世的古老加冕王座上，底下是從蘇格蘭帶來的古老石頭，過去的蘇格蘭王就是坐在這塊石頭上加冕。
>
> 我的長袍美麗地垂在王座上。禮拜儀式安排得宜，順利完成。我親愛的亞伯特所寫的讚美詩十分動聽，布利吉博士的頌歌也很優美，國歌與亞伯特讚美詩的呈現尤其悅耳。

我們注意到文中的某些描述方式，讓維多利亞女王的散文變成諷刺模仿詩文作家最好的禮物。不過她向來是集愚昧與卓越見識於一身，她的惹人厭煩中也帶有靈光乍現的敏銳洞察力。維多利亞女王試圖將盛大的國家慶典變成家庭紀念日（她的王夫「親愛的亞伯特」當然不斷出現在文中）。但在某方面來說，維多利亞女王是對的；她在無意識中呼應了十九世紀《經濟學人》雜誌總編輯白芝浩關於如何成為現代君主的概念：「在王座上的一家人是個有趣的想法」。而且她很有歷史想像力，能鑑別她這張王座的雙重特性——既是愛德華王的王座，也是來自蘇格蘭的加冕石。

這場五十周年慶典還算是挺謙虛的事件——當權者不確定它是否能贏得大眾的支持。但西敏寺成為自己成功之下的犧牲品，這不是第一次、也不是最後一次。十年後的統治六十周年慶典是一場盛大的帝國慶典，集合了來自全球的部隊與統治者，為了這種大事件的炫耀與排場，慶典必須改在聖保羅大教堂進行。事實上，這場慶典成為一九〇二年愛德華七世加冕典禮的預演，這時舉辦場地又回到西敏寺。這是大英帝國的首次加冕典禮，之前不僅沒有一位君主曾加冕為印度皇帝，也因為就和統治六十周年的慶典一樣，首都將湧入來自世界各地、形形色色的大英帝國殖民地臣民：婆羅洲的戴克人、紐西蘭的毛利人、中國人，以及最重要的——印度人。然而，土著軍隊的展示屬於倫敦城以外的生活；西敏寺裡的儀式仍然是百分之百的英國國教儀式。愛德華七世也是首位加冕為加拿大與澳大利亞——兩個與母國相隔數千公里之遙的獨立英國邦聯自治領的君王。

根據媒體報導，這場加冕典禮盛況空前。音樂表演相當精采，而且自喬治二世加冕典禮以來，首次為了慶典而委製具有原創特性和流傳久遠的新作品。詩篇第一二二章：「眾人對我說，我們往耶和華的殿去，我就歡喜」，從查理一世開始的每一場加冕典禮，君王出場時都會唱出這一句。而從愛德華六世開始的每一場加冕典禮，這首詩篇都會配上作曲家培利所譜的曲子來吟唱。如同韓德爾的「祭司撒督」一樣，它已成為儀式的一部分，是古老但同樣在演變中的傳統之一例。

然而，愛德華王的加冕典禮並非沒有令人不安的事件，不管是大事或小事。國王因闌尾炎而病倒，雖然他一心一意不想延後典禮，但國王的醫生警告他，如果執意如此，他可能會在儀式中暴斃，因此他只好被迫同意（這是個怪念頭，不過如果最壞的情況發生，他也不會是第一個死在西敏寺的國王——五個世紀以前，亨利四世已經這麼做過了）。東倫敦史戴普尼市的主教卡斯莫蘭宣稱，國家處理這個事件的方式太過輕率，延期是上帝要求人記得祂。倫敦主教說加冕典禮變得「做秀色彩太濃厚」，而「聖禮氣氛太淡薄」。在西敏寺所舉行的活動是全國的集體宗教經驗，這個概念令人耳目一新。不過這同時也是個社交場合；國王替幾位女性朋友放置了幾張特殊的教堂長椅，愛開玩笑的人戲稱為「情婦包廂」。

典禮雖然延後，國王依舊很虛弱，因此儀式必須縮短。而坎特伯里主教天普年事已高，離死期只有數個月，不但身體顫抖且半盲，無法好好宣讀禮拜儀式，也舉不起王冠，國王還得配合他調整位置。領聖餐禮時，坎特伯里主教已經到了宛如風中殘燭的地步，據說此時國王看起來「非常、非常緊張」。這場典禮中的幾位主角一定很類似歌劇杜蘭朵公主裡的中國皇帝，年老、疲倦、蒼白，如僧侶一般，因虛弱而更顯得高貴。也因此，這場加冕典禮的特色就是將盛大的儀式與人的虛弱結合在一起。相關圖畫中大肆渲染以下兩個出乎意料的舉動：國王親吻他的兒子，然後在天普樞機主教下跪宣示忠誠之後，扶他起身，而且還得國王和三位主教一起才能攙他起來。溫徹斯特主教拿出嗅鹽；「走開！」樞機主教怒氣沖沖地說。

喬治五世的加冕典禮（一九一一年）是首次有照片的典禮（當局只准許拍數張照片）；喬治六世的加冕典禮則是首次被錄影並廣播的典禮；伊麗莎白二世是第一位上電視的君主。唯有典禮中最神聖的塗聖油儀式依舊保持私密，不讓人看見。逐漸地，從中世紀以來幾乎不為人知的加冕典禮已經呈現在大眾眼前。中世紀加冕典禮的形式至少一直延續到十六世紀，它被捕捉在莎士比亞劇作《亨利八世》裡安寶琳加冕的那一幕中（以下引述的這一段文字，作者可能是莎士比亞劇作的共同作者佛萊徹）。一位男士被問到何以滿身大汗時，他解釋道：

> 西敏寺裡的人群摩肩接踵，連一根手指頭也插不進去。
> 我被他們的喜悅氣氛給窒息了。

接下來，他形容一長列王公貴婦護送王后到達唱詩席中的王座上：

> 相信我，先生，這是男人所能娶到的最好的女人；大眾瞻仰了她的容貌之後，
> 歡騰之聲四起，正如海上狂風暴雨突起時船上桅桿纜索發出的聲音，
> 聲音就像那麼大，音調也像那麼多：帽子、袍子——

> 我想還有上衣——齊飛；如果他們的臉是鬆動的，就在這天他們會把臉也給弄丟了。
>
> 我以往未曾見過如此的歡欣。

接著王后如聖人般在祭壇旁下跪，然後起身向眾人鞠躬：

> 這時候她在坎特伯里大主教的主持下，接受了一位王后應該領受的一切王室象徵物；
>
> 例如聖油、懺悔者愛德華的王冠、象牙杖、和平鴿，
> 這些象徵性的東西都隆重地被加在她身上了；
> 禮畢之後，擁有王國上乘之選音樂家的唱詩班齊聲高唱讚美歌。
> 於是她離去，以同樣隆重的盛況乘馬車回到約克官邸，在那裡舉行宴會。

這一段描寫的是配偶的加冕，而不是君主自己的加冕，而且它是想像中的再現，這場加冕典禮雖在八十年前舉行，但基本上可能已有足夠的真實性。神聖典禮與參加足球賽的觀眾組合在同一個空間裡，對我們來說是陌生的經驗，但將過去與現在連結在一起的，是加冕典禮乃是盛大場面的想法，以及宗教授任儀式乃是一個更大的世俗慶典中心的概念：西敏寺與加冕典禮出現在以王公貴婦為始、以高級餐點為終的一段敘述裡。

透過王室的盛大活動，西敏寺變得全球知名，但它在世界上最深遠的影響卻來自與王室毫無關連的事。將某位死於世界大戰、身分不明的軍人埋葬在西敏寺是雷爾頓的點子，曾經是西線隨軍牧師的他，急著想討好總鐸。因此，在一九二〇年十一月，這位無名戰士的遺體被埋葬在中殿，墳墓裡填滿了一百袋從戰場上運回來的土。國王以主祭者的身分將一把法國的土撒在棺木上——外國土地的某一角落，就此永遠成為英格蘭的土地。法國給予了西敏寺這棟建築靈感，現在真正的法國就埋在這裡。墳墓敞開一周，有一百二十五萬人排隊經過，向這位戰士致敬。

墓誌銘的最後一段是，「他們將他和列王埋葬在一起，因為他侍奉神，又對他的家人行善。」這些話摘自聖經，是描述一位大祭司監督耶路撒冷神殿的修復工作。這些文字根本和世界大戰扯不上關係，效果卻出奇地好。不但暗中點出將士埋葬地點的重要性；也使遺體與建築物產生關連。這點子本身很有啟發性，但在某方面來說，它的執行方式卻很拙劣。墓誌銘的字母難以辨認，而且墳墓擋住了通往西側入口的路。走在教堂中，你會踩在無名小卒和偉人的名字上，很難避開，但沒有人走在無名戰士的墓上。每一個隊伍，不管有多麼莊嚴隆重，都必須在經過時彎扭地繞道到一旁去。

然而，此一笨拙的處理確實達到了它的說服力。戰爭的傷痛適當地打斷了盛大場面的流暢進行。陳腔濫調的銘文在平凡中可見其人性，就像會出現在你自己至愛親人墓碑上的文字。《英國軍隊日報》的一位作者試圖解釋西敏寺的無名戰士墓與白廳那座空墓「陣亡將士紀念碑」之間有何關連。他說，白廳的陣亡將士紀念碑代表高貴的全體逝世軍隊，無名戰士紀念碑「卻代表單一的個人，他是誰家的兒子是一個謎，但這謎題卻使他成為我們所有人的兒子與兄弟」。或許有人會說，白廳的陣亡將士紀念碑象徵我們整個國家的記憶，無名戰士紀念碑之墓則象徵我們作為個體的記憶。而西敏寺在此，又一次地扮演偉大同理者的角色，這個地點不但乘載個人記憶，也乘載集體記憶。

世界各地都在模仿無名戰士之墓，但那些模仿的紀念墓碑漏掉了一大重點。西敏寺裡的戰士「被葬在國王身旁」，是一位葬在有權勢之人身旁的凡人。在其他地方，無名戰士通常被葬在隔離的、富麗堂皇的紀念碑裡，戒備森嚴（通常有哨兵守衛），被凱旋門或其他沙文主義建築物包圍（尤其是那些曾經真正遭受戰敗之痛的國家）——參加西敏寺葬禮的群眾，衷心期望能從此種瘋狂吹噓的態度中解放出來。法國的無名戰士長眠於凱旋門底下，而這座拱門極其不實的紀念著那場拿破崙輸掉的戰爭。義大利的無名戰士被埋葬在不可一世的艾曼紐紀念碑底下。美國的無名戰士長眠於阿靈頓國家公墓；阿靈頓國家公墓很美，但他們決定將無名戰士以主要的戰役區分為幾組，大幅沖淡了以一人代表全體的象徵意義。在所有這些紀念碑中，西敏寺的無名戰士是唯一一位被埋葬在一個繼續使用和運作中的教堂裡的人；一方面他與眾人不同，另方面他又加入教堂裡的一般儀式與對死者和悼念者的慰問。（他無法像其他葬在此地的人一樣，被遊客踩在腳下、承受時間流逝造成的磨損，簡直是樁憾事）。在西敏寺最常被模仿的這個地方，恰好證明它終究是不可被模仿的。

進入二十世紀，西敏寺不但評價王室家族受歡迎的程度，還使得王室家族更受歡迎。傳統上，王室子女會在王室禮拜堂或在溫莎堡裡舉行婚禮，然而瑪麗公主一九二二年的婚禮卻在西敏寺舉行，場面盛大隆重。這次的試驗非常成功——某家報紙稱它是一場「屬於人民的婚禮」——接著第二年，約克公爵成為王室自中世紀以來第一位在西敏寺成婚的王子。當這對新人離開教堂時，剛剛成為公爵夫人的新娘做了一件顯現她與生俱來王族氣質的事——此事證明她有多麼適合成為王后與王母——她把她的花圈放在無名戰士的墓上。現今，西敏寺已經成為王室婚禮的固定場所，直到它再一次成為自身成功之下的犧牲者。那場在歷史上引來全世界最多注意的婚禮——查理王子與戴安娜王妃的婚禮，被移至空間較大的聖保羅大教堂（一個運氣不好的紀念品製造商已經把西敏寺塔樓印在他販售的禮物上）。相反地，王室家族整體聲望的下降以及參加婚禮人數的不確定性，導致伊麗莎白二世第三個兒子韋賽克斯伯爵與伯爵夫人的婚禮，改在相較之下更有隱密性的溫莎鎮聖喬治禮拜堂舉行。在這些例子裡，將婚禮地點移出或移入西敏寺，不管原因是正面或負面的，都成為王室婚禮是否受大眾喜愛的指標。

一九三七年，當時的坎特伯里樞機主教卡斯莫蘭在喬治六世的加冕典禮上看到了一個傳福音的新機會；有史以來第一次，英國以及世界各地的聽眾可以收聽加冕典禮（順帶一提，因為使用麥克風，這也成為西敏寺裡第一場大多數群眾都聽得到儀式進行的加冕典禮）。在廣播演說中，他呼籲「應該開始將國家交還給上帝」，因此國王不應該「獨自接受這項神聖的重任」。

這場禮拜儀式比以往囊括了更多人：這是第一次有自由教會（亦即政教分離的基督教派）的代表受邀，並坐在國王四周的座位上。根據距此幾年前國會通過的西敏法規，國王現在分別是他每一個自治領的君主（紐西蘭國王，南非國王等等），而不是「英國海外自治領統治者」，英國君主從此不能干預自治領的內政。卡斯莫蘭一開始希望只將國王加冕為英國君主，但自治領非常不想被排除在外，因此必須更動宣誓文字。法律明文規定必須支持新教的誓言造成了一些麻煩；這當中包括了愛爾蘭，加拿大和澳洲也是；因此典禮必須做一些策略調整。

卡斯莫蘭同時忙著處理一些很棘手的事情，例如在禮拜儀式中念誦連禱文的地方，以及恢復一種古老的塗聖油禮形式，「從手部往上到頭部，而不是從頭部下降到手部，我敢肯定，這項程序最後一定會被證明是正確的。」這個細節的重要性令人難以理解，但許多人都同意卡斯莫蘭的看法，那就是塗聖油禮是禮拜儀式中最動人至深的部分——君王脫下外袍，僅身著白衣，下跪接受樞機主教賜福，國王顯而易見的虔誠態度和振奮人心的韓德爾加冕頌歌「祭司撒督」歌聲，更加強了這場儀式莊嚴神聖的氣氛。加冕典禮所有其他部分都只是例行公事；塗聖油儀式卻毫無疑問是神聖無比的儀式。這一刻既公開又個人、既私密又廣為人知；一個頂篷被舉在君王頭上，好遮住這場隱蔽的活動，沒有攝影機在旁拍攝。加冕儀式是盛大慶典中的神聖空間，正如同西敏寺是在一個較大城市裡的神聖空間；而塗聖油禮又是加冕儀式中特別神聖的部分，正如同聖祠是西敏寺裡特別神聖之處，它是全國性的、是最重要的，但它也是隱蔽而陌生的地方。

另一方面，對日記作家錢農來說，最動人的一刻是「那些貴族夫人戴上冠狀頭飾時的那陣旋風：一千隻閃爍著珠寶的白手套，舉起她們迷你的冠狀頭飾」——它是英國社交行事曆上最受矚目的事件之一，如果遺漏了這項事實，我們確實無法窺知加冕典禮的全貌。錢農寫道，在伊麗莎白二世的加冕典禮前，許多人談論的話題就只有誰是或誰不是「西敏寺幸運兒」——換句話說，就是誰有受邀參加。他接著說了一個故事，一位離婚的貴族向負責典禮事宜的紋章院院長表達他害怕沒有資格參加加冕典禮的恐懼，對方只回了他一句：「你當然有資格，這是加冕典禮，又不是阿斯科特王室賽馬會。」有些觀察家認為觀禮群眾中的貴族太多，應該留更多位置給其他聯邦國家。同時身為巴基斯坦女王與錫蘭女王的伊麗莎白二世，是首位被加冕為統治國家內的人口以非基督徒為主的英國君主，然而對於這個新的現實狀況，當局只有極低限度的認可。自由教會被賦予的角色稍微重要些，蘇格蘭教會的主席還朗誦了一段經文。

這是距今最近一次的王室加冕典禮，它的特色在於時間與君主個人。經過幾年艱苦的戰後時期，一般大眾渴望有事可供慶祝，而年輕的女王似乎是新希望的象徵。在典禮之前的布道中，樞機主教費雪強調君王身分的重擔以及王冠的象徵性重量。和其他國王不同，女王光著手臂接受塗聖油禮，再加上她年紀輕輕，加強了獻祭柔弱性的感覺。時尚攝影大師畢頓在口吻矯揉造作的日記裡，終究還是編織出典禮的燦爛景象，聽來十分令人著迷：

> 她的兩頰是甜蜜的粉紅色；她的捲髮緊密地圍繞著她眉毛正上方綴著珍貴寶石的維多利亞式王冠。她粉紅色的手溫順地交疊在她繁複華美、飾以珠寶的裙子上；她還是個年輕女孩，行為舉止簡單謙遜。或許她母親曾教導她絕對不要做出太多不必要的姿勢。走路時她讓她厚重的裙子前後擺動，產生優美的節奏。這帶著女孩子氣的體態有著無比的尊貴氣息；她成為這幾乎宛如拜占庭式華麗莊嚴場景的一部分。

一九五三年六月二日，加冕後的伊麗莎白二世坐在加冕王座上。這張椅子是十三世紀的，而儀式則更加古老，但時尚攝影大師畢頓所推崇的「幾乎是拜占庭式華麗莊嚴的場景」相對來說卻非常時髦。可對照161頁的詹姆士二世的加冕典禮。

諷刺的是，讓畢頓覺得有拜占庭風格的部分——穿著鑲金長袍的主教——是二十世紀對傳統所做的復興。維多利亞女王加冕時，這看來絕不可能是天主教的習俗。錢農在喬治六世的加冕典禮上想到的是文藝復興時期的威尼斯。這兩人的想像，都被這獨一無二英國盛典中的異國風情，給帶到遙遠的時間與地點去了。

加冕典禮是否是創新傳統的例子？它的意義是否不斷地在改變？如果一個事件的意義存在於人對它的觀感，那麼有多少觀者，就有多少意義。以下是一例。上一次加冕典禮時我四歲大，那是我記憶所及最早的公眾事件，而我生平第一次到戲院，就是為了看加冕典禮的影片。我也記得坐在低矮的石牆上，看著一列裝飾華美的王室廂型車隊和貨車隊來到村莊裡的主要大街上。當時的我猜想，加冕典禮的意義，就是一輛金色的馬車，一頂金光閃閃的王冠，和一位美麗的女王。女王當然是美麗的，就像童話故事裡的公主。我完全沒有意識到加冕典禮是一個宗教活動，我也懷疑自己是否覺得它是愛國的活動。倒不是說我當初會使用這些字眼，不過它反而比較像是共同、集體的事件；它是眾人會做的一件事，而且每個人都參與其中。我闖入這些回憶不是因為它們有任何重要性，而是為了說明我的論點：一個事件的意義——就「意義」在這裡的意思而言，是非常不穩定的，很容易因人而異，它本身並沒有太過深入的重要性。隨著時間流逝，同一個人內心的意義也會改變。五十年後的現在，我注意到加冕典禮多麼神聖而莊嚴，塗聖油禮的行為又是多麼具有核心意義。當然，現在的我也十分訝異於女王是如此年輕，而這是當初身為孩童的我所不能感受到的。

還有另一個原因可以解釋，為何每場加冕典禮都有各自的特質。加冕典禮並不只是公眾的典禮，也是一個個體新的開始，因此君王本身會影響典禮的特性。共和國可以指定它的元首（往往是一位退休的經濟學教授），但採世襲制的國家，必然後果就是人民沒有選擇權。君王或許受到愛戴，或許遭人厭惡。在過去兩個世紀的大部分時間裡，英國元首一直都是女性；這是選舉制度下絕不會發生的情形。在其他地方通常被排除在高階公職之外的族群——年輕人，也有機會獲得代表參選的權利。但這些風氣與特性，沒有一項是本質上的改變。社會學家與歷史學家爭辯，這種典禮是否只是統治階級鞏固其權力的宣傳形式，或者是整個社會傳達與重中大眾通俗價值的手段。事實上，加冕典禮從根本上來說兩者皆非（不管它的影響為何）：加冕典禮是一件因為一直以來都在進行、所以才做的事。確實，它有一部分權力在於它的自主權——是死亡而非政府，決定王位何時到期。

它的力量也在於眾人的認知，一個基本的意義深植於這項行為當中，不管這個意義傳達得有多麼少，也不管大家感受到的意義有多麼模糊，在儀式的核心裡都有一個恆久的存在。它確實相當古老。想想女王行塗聖油禮時樞機主教所說的詞句：

> 將汝的君王施以塗聖油禮：如同國王、教士與預言者也被施以塗聖油禮，也如同祭司撒督替所羅門王施以塗聖油禮，因此讓汝也被施以塗聖油禮，受到祝福，並就任為人民的王后此一聖職，上主讓你統治並管理這些人民……

或許這些不凡詞句最不凡之處，在於它們的確千真萬確。祭司撒督極有可能確實替所羅門王施以塗聖油禮，如同費雪樞機主教替伊麗莎白二世施以塗聖油禮。這是所有基督教儀式中最古老的一種，比基督教本身還早了一千年。假如這麼說似乎太不可思議，那麼可以肯定的是，在王權本質已徹底改變的同時，英國加冕儀式的主要元素還繼續存在了一千年以上，基本上沒有改變。加冕典禮就像它舉行的場地：西敏寺的外牆幾乎沒有留下任何一塊中世紀的石頭，它的內部一再更動，它的神學理論也曾轉變，但它還是同樣那座教堂，而且基本上還在做一樣的工作。

下一場加冕典禮和之前的所有加冕典禮一樣，將擁有屬於自己的特色，並帶入屬於自己的創新。新國王很有可能是一位年長男人，飽受歲月與環境的摧殘。現任女王的餘生長短以及她這段時間內的表現，將影響大眾對於君主政體的觀感，而其影響我們還無法預測。下一場典禮將會在一個改頭換面的背景中舉行：曾經被視為大不列顛特質精華濃縮之地的倫敦，現在比英國其他地方更具有種族與文化多元性，之後勢必也更加如此。我們可以確定的是，羅馬天主教教會以及自由教會，都會被賦予更重要的角色，其他信仰也將有正式的代表權。貴族可能會失去他們的特殊角色。我們還可以做出其他顯而易見的推測，但加冕典禮的精髓極可能保持不變，不會被沖淡多少。當然，西敏寺過去的歷史已經指出，在禮拜儀式的風格上變得更傾向藉由復興羅馬天主教儀式與教義來重振英國國教的「高教會派」，以及變得更有宗教包容性，以上兩者並不是對立的走向。二十世紀加冕典禮的巨大感染力，大部分必須歸因於典禮核心的神祕與奧妙，以及並不想在不同信仰與無信仰之中尋找最大公約數的乏味結果。近來的經驗告訴我們，儘管如此，大型王室慶典還是會繼續舉辦，而且比大多數人事前所預期的更受歡迎。

廣義來說，加冕典禮與無名戰士紀念碑是有政治性的。它們是人作為一種社會動物之下的行為。然而令人驚訝的是，二十世紀末的西敏寺在較狹隘的政治意義上卻變得更加重要——上兩任首相都曾嘗試為了政黨利益而利用它。第一位是梅傑，他在一九九六年將加冕石還給蘇格蘭。

在愛德華一世於一二九六年將加冕石奪走，帶到西敏寺之前，加冕石曾是過去蘇格蘭王加冕的王座。有人相信它其實是那塊曾用在愛爾蘭王中之王加冕典禮上的「命運之石」，而幾乎可以確定的是，加冕石源自於蘇格蘭對愛爾蘭象徵物的模仿。根據傳說，它就是雅各夢見天使時拿來當作枕頭的石頭，一些之前出現在西敏寺裡的拉丁詩文就是這麼解釋的，但艾迪森筆下的鄉紳德柯佛利爵士並不認同（他問道，有什麼證據能證明雅各曾經去過蘇格蘭？），現代地質科學也不支持這種說法。愛德華一世製作加冕王座來放置這塊石頭，讓它恰好可以放在座椅底下，自此以後，英國國王就在這個王座上加冕。然而，當蘇格蘭的詹姆士六世於一六〇三年被加冕為第一位大不列顛國王時，這塊石頭的重要性有所轉變，成為統一的標誌。我們可以將加冕石拿來和「Scottorum Malleus」這個詞，也就是「蘇格蘭之槌」無意識的象徵性做比較。十六世紀時，這個詞被漆在愛德華一世的墓上，現在已經褪色，幾乎被人遺忘。對總鐸史丹利來說，加冕椅和加冕石是「將整個帝國結合在一起的最古老遺物」。這塊石頭給人的感覺是如此有影響力，因而在二次大戰時，當西敏寺裡包括加冕椅在內所有可搬動的室內擺設都以安全為由被搬到郊外，它卻被留了下來，埋在一個隱密的地方。

梅傑政府在全英國都不受人民擁戴，由於反對中央權力下放地方，它在邊境以北的處境特別艱難。歸還加冕石似乎是蘇格蘭事務大臣佛西斯發起的，但這項收買民心的嘗試卻非常笨拙。此事在暗中進行；梅傑首先徵得女王的同意（她大概覺得她必須接受她的首相的建議），而梅傑在向下議院宣布這項決議的兩天前才知會西敏寺的司鐸。負責歷史文物的單位蘇格蘭文物局聽從指示，安排將石頭從西敏寺祕密運出，並在眾目睽睽下抵達蘇格蘭；但這是件不可能的任務。果不其然，當石頭被運出西敏寺時，大批記者出現在現場。加冕石就像那把石中劍一樣，拒絕從椅子裡被移開，他們花了幾個小時才把它拿出來。一位蘇格蘭文物局的資深官員簽署了一式三份的文件，表示簽收下一塊神聖的石頭。穿著黑色斗篷的主任牧師與牧師會成員一臉肅殺之氣，以表達對於既成之事無言的意見。

當梅傑宣布將石頭歸還給蘇格蘭時，一個顯而易見的問題讓他吃了一驚：要還到蘇格蘭的哪個地方？他原本覺得應該是愛丁堡城堡，不過公眾諮詢會議立刻有所決議。一個建議地點是聖吉爾斯大教堂，加冕石最早的所在地斯康宮則是另一個建議地點。最後，石頭還是去了愛丁堡城堡。英國政府不想為此舉花錢，反正愛丁堡城堡已經整修得煥然一新，加冕石可以在幾乎用不著額外花費的情形下放置在那裡。所以，加冕石現在被放在玻璃匣裡的天鵝絨布上，旁邊是象徵蘇格蘭王權的寶物蘇格蘭之光，包括王冠、權杖以及寶劍。加冕石看起來荒謬可笑，蘇格蘭之光在它旁邊則一副尷尬的樣子。麻煩在於，以外形上來說，加冕石畢竟只是一塊石頭。回到十八世紀，古德史密斯《世界公民》書中的中國旅人就看不出這塊石頭的意義何在：如果他在雅各枕頭上看得到雅各的頭，那會是一副奇觀，「但拿現在的例子來說，如果我在他們的街道上撿起一塊石頭，然後稱它是稀世珍寶，只因為有一位他們的國王在遊行隊伍中經過此地，剛好踩在它上面，我沒有什麼理由好驚訝的。」加冕石的力量存在於歷史、聯想力與神聖性當中，當它的神力被剝奪並囚禁在博物館的玻璃展示櫥窗裡，它就顯示不出任何意義。相信這塊石頭曾經榮耀蘇格蘭的人，一定很沒想像力。

暴露缺點不能贏得選票，在接下來的那次選舉中，保守黨在蘇格蘭失去所有席位，這對英國民主是一大傷害；因此對保守黨來說，梅傑此舉徹底失敗。既然加冕王座製作的目的是用來安置加冕石，那麼就古物研究與美學觀點而言，移走石頭是摧殘了一項稀有而極具說服力的中世紀藝術製品。王座下面那個空洞怎麼看都不對勁。據說，有些政客對歷史將給予他們何種評價感到焦慮；他們的缺點就是沒有深思熟慮。一位對過去歷史稍有概念的首相在一開始就不會贊成把石頭從西敏寺裡移走；一位對未來歷史稍有概念的首相更應該要仔細思考自己行為的象徵意義。即便身為國家領袖，我們所作所為很少能流傳久遠，但將加冕石歸還給蘇格蘭此舉，大概已經覆水難收（雖然它會在之後的加冕典禮被送回西敏寺），而或許，在梅傑不順遂的首相任期內保留最久的事物，正是他留在西敏寺裡的象徵符號：一個原本應該有東西放在那裡的空洞。

梅傑想從西敏寺裡把東西拿走，他的下一任首相布萊爾卻想放東西進去，也就是首相自己。在一九九七年戴安娜王妃的葬禮上，布萊爾違背所有憲法慣例，誦讀了一篇日課（想像一下，如果是柴契爾夫人試圖這樣做，會引來多少人議論紛紛）。當時民眾似乎還滿喜歡的，但從布萊爾朗誦新約聖經歌林多前書的語調看來，如果現在再見到同樣的事，他取悅的或許是他的敵人，而不是他的朋友。然而，布萊爾似乎對此番實驗很滿意——伊麗莎白二世的母親英國皇太后於二〇〇二年逝世時，《觀察家報》報導，布萊爾辦公室強烈要求首相在葬禮上的戲份應該更重。唐寧街堅決否認此事，直到事實證明真有其事。

戴安娜的死距今太近，而且世人太熟悉此事，它的意涵比西敏寺更廣泛，在此我不應多談，但戴安娜的葬禮有些特點，是我們在任何敘述西敏寺歷史地位的文字中都應該留意的。其一是儀式本身是一連串動作中靜止不動的中心點。首先，以馬車載著王妃遺體的葬禮隊伍，從肯辛頓宮走到西敏寺時，速度是緩慢的，然後從西敏寺走到王妃安息處——位於北安普敦郡的史賓賽家族墓地，這段行程速度較快。這些儀式的第一部分的確重現了一項中世紀加冕典禮的特色——葬禮隊伍穿過倫敦城，如此一來就可以讓全體市民成為該儀式的一部分。不用說，戴安娜王妃棺木的前進動線當然是刻意安排的策略：她的遺體之前放在聖詹姆士宮的王室禮拜堂裡，離西敏寺不遠，但卻在夜裡無聲無息地被移往肯辛頓宮，讓棺木到西敏寺的路程可以筆直穿過市中心。整個過程非常巧妙——西敏寺或多或少完成了一場情感宣洩的第一部分。

在葬禮上，戴安娜的弟弟史賓賽伯爵公開地當面譴責王室家庭，這場演說不管以何種標準來看都是特殊事件，但它發生的地點卻更讓人訝異——因為女王被迫聆聽對方對她的言辭攻擊時，眼前正是四十五年前她沉浸在人生最意氣風發那一刻的地點。我們甚至可能會想起在西敏寺加冕的查理一世，他在西敏寺對街的國會大廈西敏廳接受審判，然後在白廳被斬首，就在這條街前方。只不過在後者的例子裡，命運的逆轉更大得多。最特別的一刻發生在那場演說結束時，戶外看著電視螢幕的群眾開始鼓掌，西敏寺裡的群眾也跟著鼓起掌來。妙的是，現代科技恢復了中世紀群眾參與教堂內舉行的王室慶典此事。然而，最讓人永難忘記的時刻，或許是當王妃的棺木在名作曲家塔弗納的樂聲中，緩緩地被抬著穿過中殿，筆直如箭——除了在避開無名戰士紀念碑時隊伍被弄亂——此時，傳統被創新所取代，唱詩班被鋼琴和麥克風所取代。西敏寺再一次扮演了和解殿堂的角色，吸收了工黨提出的「酷英國」這個文化創意產業的口號以及大眾的狂熱，與儀式表演的旋律融合在一起。

伊麗莎白女王之母的葬禮也許看起來正好相反，完全是傳統的，但事實卻遠非如此：這是將近兩個半世紀以來，第一場在西敏寺舉辦的國王或王后葬禮。眾人比以往任何時候都更期待西敏寺成為國家慶典的舞台。此時此刻，西敏寺再次成為王室成員受歡迎與否的指標：隨著年輕王室成員的聲望下降，王室婚禮轉往溫莎堡舉行；相反地，大眾要求將儀式從溫莎堡移回西敏寺。值得注意的是，西敏寺被指定為當今女王與其王夫菲利浦親王的葬禮場地。王母的葬禮將教會與國家合而為一，這項結合可以從倫敦的地形圖上看出來——西敏廳供民眾瞻仰遺容，西敏寺則是舉辦葬禮的地點。為了瞻仰遺容，有一百二十五萬人排了五個小時以上的隊。當然，還有多達八百萬公民並未前往，但考慮到大多數人基於現實狀況無法參加，這仍然是相當驚人的數字。西敏寺裡存在著延續性，但王母之死確實也表示了某種結束，因此聽到英國國家廣播電台社論小組的著名歷史學者，對於儀式接近尾聲時列舉王母生前的頭銜表示遺憾，讓人感到有些奇怪。就歷史的想像而言，那該是何等的頭銜！印度女皇！當奧地利皇后齊塔於一九八九年逝世時，報紙說她是歐洲最後一位皇后。他們錯了；最後一位皇后竟然能活到二十一世紀，想想也頗不得了。她曾經一度是全世界四分之一人口的皇后，她統治的人民比歷史上任何一位女性都多；而此種盛況將一去不復返。不過，葬禮儀式倒沒有改變：棺木再一次被抬著走過中殿，繞過無名戰士紀念碑的隊伍再一次被打亂；而她的葬禮花圈，就放在她七十九年前放婚禮花圈的同一個地方。

第十章　今日的西敏寺

太多人、太多雕像、太多椅子——幾年前來到西敏寺的訪客，離開時可能會有一種擁擠不堪的感覺。到了一九九〇年代中期，主任牧師與牧師會發覺，他們必須採取行動以解決西敏寺內混亂的場面。來到倫敦的訪客已經發現中殿是個下雨時見面或等人的好地方（日記作家派皮斯把西敏寺當作不那麼純潔的約會場所，他一定能了解這一點）。因此主任牧師與牧師會決定，進入建築物的每個地方都要收取入場費，以降低教堂中公開區域與較為隱蔽區域之間從興建之初就多少存在的差異性。參觀團體由迴廊一起被帶進教堂，行經歐文曾獨自走過的路線。由北翼殿進入的個別訪客則必須依照指定順序參觀，經過半圓迴廊北邊，進入亨利七世禮拜堂，再回頭走半圓迴廊南邊，到達詩人之隅。參觀行程的最後才會來到中殿，現在這裡是教堂中訪客最稀少的地方，感覺有些奇怪。然而，訪客來到這較為開闊而聖潔的空間時，往往耳目一新：柱子旁放置著兩尊聖像，你可以在他們前面點燃一根蠟燭。一般遊客現在不准進入聖祠，只有經過事先安排才能參觀。此舉或許有其必要，不僅能避免參觀時過於擁擠，也可以保護聖祠裡脆弱的物品，但卻也意味著相對之下，現在只有少數人能看到倫敦最神聖的空間，以及幾尊現存於世最優美的中世紀雕像。這樣的結果讓聖祠比以往更成為聖地中的聖地，更不能輕易進入，比起從下方的半圓迴廊往上看，更能讓人感受到它的存在。或許得以進入聖祠的人，會因此更覺得自己像是到達目的地的朝聖者。

西敏寺裡的摩肩接踵是相當晚近的現象。在英國桂冠詩人貝傑曼的想像裡，二次世界大戰時的上流社會淑女很容易流連於西敏寺內，尋求與神性親近的經驗：

讓我把另外一隻手套也脫下
當管風琴簧片的聲音逐漸增強，
伊甸園美麗的土地
浸淫在西敏寺的鐘聲裡，
在此，英國政治家長眠處，
傾聽一位女士的呼喊。
慈悲的天主，噢轟炸德國人吧，
因為你的緣故請饒恕他們的女人，
如果那並不太容易
我們會原諒你的錯誤。
但，慈悲的天主，不管將會如何，
不要讓任何人轟炸我
現在我覺得好過些了

聆聽你的話語真是愉快，
就在這最常埋葬偉大政治家遺骨的地方。
現在，親愛的天主，我不能再等待
因為我要去赴一場午餐的約會。

其中的嘲諷意味顯而易見，但它的確提醒了我們，某件事已經不可避免地失去了——現在倫敦人再也不能為了享受片刻的獨處或歡欣，輕易溜進教堂。事實上，西敏寺已經將它的證人帶到教堂外，進一步擴大它對全世界的布道，以此作為補償。現在西敏寺西側正面的作用就是供人祈禱，就像大門左側顯而易見的銘刻文字所寫的：「願上帝應允生前的慈悲與死後的安息，應允教堂與世界的安寧以及和睦，並應允我們這些罪人獲得永生。」二十世紀基督教殉教者的雕像被選為六大洲和以下幾個教派——英國國教、羅馬天主教、東正教、路德教和浸信會的代表。西敏寺也嘗試和所有人對話，不管他們的信仰為何，或有沒有信仰；值得注意的是，年度聯邦禮拜儀式就在西敏寺舉行，這是一項全世界主要宗教共同的信仰活動。北側塔樓下方的一塊石碑是用來紀念「脅迫、暴力和戰爭下的無辜受害者」，用意在於和全人類對話，扮演和門後方的無名戰士相對應的平民角色。這些敬拜和記憶的行為彷彿在邀請過路的人，因此一般人再也無法隨意進入教堂裡，而這無疑是一項損失。不過，日常的禮拜儀式依然對外開放，也總有數百人前來。世界在改變，既是一棟建築、也是一個社群的西敏寺，持續進行著本篤會修士所稱的「*opus Dei*」，也就是「上帝的工作」，進行教導、勸誡並讚美。

附圖列表

Plan

Westminster Abbey (from Simon Bradley and Nikolaus Pevsner,*London 6: Westminster,*2003)

Endpapers

Two views of the nave of Westminster Abbey, from R. Ackermann, *The History of Abbey Church of St peter's Westminster* (1812)

ILLUSTRATION CREDITS

Dean and Chapter of Westminster:1,2,5,6,7,8,9,10,11,12,13,18,19,20,22,23; Fotomas Index UK: endpapers; John Crook: 4; National Monuments Record/Royal Commission on the Historical Monuments of England:3,14,16,17; PA Photos:24;Yale

University Press: Plan.

中英對照表

〇到三畫

S形曲線 ogee
丁尼生 Lord AlfredTennyson
入世大教堂 non-monastic cathedral
凡登維哈德 Anthonis van den Wyngaerde
大法官 Lord Chancellor
大聖地區 Broad Sanctuary
女兒牆／護欄 parapet
小皮特 Pitt the Younger
小圓頂 cupola
小隔間（唱詩席兩側的） stall
山形牆 pediment
山牆 gable

四畫

中殿 nave
中殿與翼殿交會處 crossing
六步格 hexameter
卞恩 Aphra Behn
厄文 Henry Irving
厄斐 Ophir
天普 Frederick Temple
尤瑞皮底斯 Euripides
巴西利卡 basilicas
巴納塞斯山（希臘古城德爾菲所在之山脈） Parnassus
巴斯塔德 Thomas Bastard
方石 ashlar
方德霍修道院 Fontevrault Abbey
木板畫 panel painting
比佛利的羅伯特 Robert of Beverley
比雅翠絲韋伯 Beatrice Webb
水晶宮 Crystal Palace
牛津英國國家人物傳記大辭典 The Dictionary of Naitonal Biography
牛津復興運動 Oxford Movement
牛頓 Isaac Newton
王中之王 high king

五畫

《世界公民》 *Citizen of the World*
主任牧師與牧師會 Dean and Chapter
主教座堂 cathedrals
主祭壇 high altar
加冕之石 Stone of Scone
加冕王座 Coronation Chair
卡那雷托 Antonio Canaletto
卡昂 Caen
卡索邦 Isaac Casaubon
卡斯馬提風格 Cosmati
卡斯莫蘭 Cosmo Lang
卡斯提爾的艾琳諾 Eleanor of

Castile
卡萊爾大教堂 Carlisle Cathedral
卡諾瓦 Antonio Canova
古伯 William Cowper
古德史密斯 Oliver Goldsmith
史丹佛 Sir Charles Villiers Stanford
史丹利總鐸 Dean Stanley （Arthur Penrhyn Stanley）
史丹霍普 Earl Stanhope
史文波恩 Algernon Charles Swinburne
史考特爵士 George Gilbert Scott
史東 Nicholas Stone
史塔法島 Staffa
史瑪克斯 Peter Scheemakers
史戴普尼 Stepney
台座 pedestal
外推窗 bay window
尼勒 Andreas Kneller
布利吉博士 Dr. Bridge
布朗爵士 Sir Thomas Browne
布勞 John Blow
布洛克 Thomas Brock
布萊克 William Blake
布雷克（海軍上將） Admiral Robert Blake
布爾日大教堂 Bourges Cathedral
布蕾絲格德 Ann Bracegirdle
布羅爾 Edward Blore
弗拉克斯曼 John Flaxman
母教堂 mother church
「永恆英國」 la perennité britannique
瓦特福德水晶吊燈 Waterford
白芝浩 Walter Bagehot
白金漢公爵 Duck of Buckingham
白朗寧 Robert Browning
白廳 Whitehall
白廳宮 Whitehall Palace
皮爾森 J.L.Pearson
皮歐爵士 Sir Robert Peel
石窗櫺 mullion
立面 elevation

六畫

仿羅馬式大教堂 Romanesque Cathedral
伊斯頓 Hugh Easton
伍斯特大教堂 Worcester Cathedral
伍爾福 James Wolfe
休恩登 Hughenden
吉卜林 Rudyard Kipling
吉布斯 James Gibbs
吉布森 John Gibson
吉本斯（木刻裝飾大師） Grinling Gibbons
吉本斯（作曲家） Orlando

Gibbons
多塞特郡 Dorset
安德烈少校 Major André（John Andre）
托里吉亞尼 Pietro Torrigiani
托瑞爾 William Torel
米雷 Sir John Everett Millais
米德爾賽克斯市政廳 Middlesex Guildhall
老裴爾 “Old Parr”（Thomas Parr）
肋筋 rib
肋筋脊線 ridge rib
自由教會 free church
至高權法案 Acts of Supremacy
艾弗林 John Evelyn
艾克曼 Johann Adam Ackermann
艾克斯特大教堂 Exeter Cathedral
艾迪森 Joseph Addison
艾特伯里 Francis Atterbury
艾特里 Clement Attlee
艾斯利普 Islip
艾奧納 Iona
艾賓頓街 Abingdon Street
西區 West End
「西敏寺大教義問答」、「西敏寺小教義問答」 the Longer and Shorter Catechisms
「西敏寺信仰宣言」 Westminster Confession
《西敏寺的歷史與古蹟》 *Westmonasterium*
西敏廳 Westminster Hall
西奧多勒斯・巴列歐羅吉 Theodorus Palaeologus

七畫

佛西斯 Michael forsyth
佛洛爾 Bernard Flower
佛萊徹 John Fletcher
佛漢威廉士 Ralph Vaughan Williams
伯納爾勞 Andrew Bonar Law
伯德 Françise Bird
伯德利 George Frederick Bodley
克努特 Canute
克拉倫登 Clarendon（Edward Hyde）
克倫威爾 Oliver Cromwell
克萊門蒂 Muzio Clementi
克羅夫特 William Croft
坎貝爾 Thomas Campbell
坎特伯里大教堂 Canterbury
希伯 Reginald Heber
希臘塔索斯島 Thasos
李文斯敦 David Livingstone
李林頓 Nicholas Litlyngton
李頓 Henry Parry Liddon
杜奇曼 Thomas Dutchman
沙金特 John Singer Sargent
沙羅蒙 Johann Peter Salomon

〈沉思者〉 *Il Penseroso*
狄更斯 Charles Dickens
狄金森 William Dickinson
狄斯雷利 Benjamin Disraeli
狄福 Daniel Defoe
貝文 Ernest Bevin
貝佛利教堂 Beverley Minster
貝思 William Basse
貝傑曼 John Betjeman
貝瑞爵士 Sir Charles Barry
貝賽爾 James Basire
那佛納廣場 Piazza Navona

八畫

枕樑 corbel
亞眠大教堂 Amiens Cathedral
亞當 Robert Adam
伊弗斯漢 Epiphanius Evesham
佩夫斯納 Nikolaus Pevsner
佩吉 Walter Hines Page
佩爾摩公報 Pall Mall Gazette
奇普 Henry Keepe
奇爾 John Cheere
尚提卓 Jean Tijou
岱文南 William D'Avenant
帕西人 Parsee
帕克漢的哈利斯男爵與其夫人 Philip Harris, Baron Harris of Peckham
帕拉迪歐風格 Palladianism
拉格比公學 Rugby School
拉賽福 Ernest Rutherford
杭特 John Hunter
杭斯頓大公 Lord Hunsdon
波士頓茶葉事件 Boston Tea Party
波西米亞的安 Anne of Bohemia
波貝克大理石 Purbeck marble
波索拉 Bosola
波普 Alexander Pope
波蒙特 Francis Beaumont
法奈利 Francesco Fanelli
法拉 Frederick Farrar
法蘭西斯荷馬 Francis Homer
法蘿瓦絲的凱薩琳 Catherine of Valois
牧師團教堂 collegiate church
肯特 William Kent
芬格爾洞窟 Fingal's Cave
邱吉 R.W.Church
金雀花王朝 Plantagenet
長老教會神學大會 the Presbyterian Assembly of Divines
門廊 porch
阿及爾公爵 Duke of Argyll
阿希霍茨 J.W. von Archenholz
阿諾德（文化評論家） Matthew Arnold
阿諾德（教育家，曾任拉格比公學校長） Thomas Arnold
阿靈頓國家公墓 Arlington National Cemetery

附屬小禮拜堂 chantry chapel

九畫

哀輓雙行體 elegiac couplet
哈代 Thomas Hardy
哈洛德二世 Harold II
哈格雷夫將軍 General Hargrave
哈魯特 Richard Hakluyt
垂直風格 perpendicular
垂飾拱頂 pendant vault
契爾 Henry Cheere
威廉斯 John Williams
威爾 Richard Ware
威爾斯大教堂 Wells Cathedral
威爾森 Thomas Woodrow Wilson
封閉拱廊 blind arcade
屏風 screen
拜約掛毯 Bayeux Tapestry
拱形扶壁 arch buttresses
拱肩壁 spandrel
拱頂 vault
拱廊 arcade
施勒格爾 August von Schlegel
柱子 pillar
柯爾 Cornelius Cure
查塔姆伯爵（老皮特） Chatham (Pitt the Elder)
柏克 Edmund Burke
派皮斯 SamuelPepys
派博 John Piper
皇家禮拜堂 Chapel Royal
皇宮庭院 Palace Yards
紅衣主教沃爾西 Cardinal Wolsey
約翰生 Samuel Johnson
耶維爾 Henry Yevele
胡比利亞可 Louis François Roubiliac
胡克 Joseph Dalton Hooker
英王史蒂芬 Stephen
英王約翰 John
韋伯（雕刻家） Henry Webber
韋伯斯特（十九世紀美國參議員） Daniel Webster
韋伯斯特（十六世紀劇作家） John Webster
韋楚 William Vertue
韋爾頓 Joseph Wilton
飛扶壁 flying buttress
飛簷 cornice
食堂 refectory

十畫

修昔底德 Thucydides
倫敦大轟炸 the Blitz
《倫敦城市史》 *Londinopolis*
《倫敦間諜》 *The London Spy*
唐恩 John Donne
唐寧街 Downing Street
埃諾的菲麗帕王后 Philippa of Hainault
席爾德 William Shield

席德尼韋伯　Sidney Webb
拿破崙四世　Prince Imperial
朗費羅　Henry Wadsworth Longfellow
格拉斯頓伯里　Glastonbury
格洛斯特的約翰　John of Gloucester
格萊斯頓　William Ewart Gladstone
泰本河　River Tyburn
泰恩　Hippolyte Taine
泰勒（詩人教士）　Jeremy Taylor
海茲利特　William Hazlitt
海斯汀　Warren Hastings
海斯廷戰役　Battle of Hastings
海普渥斯　Barbara Hepworth
涅勒　Godfrey Kneller
特拉法加廣場　Trafalgar Square
特倫查德子爵　Hugh Trenchard
班奈特　William Sterndale Bennett
破山形牆　broken pediment
《神聖的死亡》　*Holy Dying*
索爾　Anna Seward
索爾斯伯利大教堂　Salisbury Cathedral
索福克勒斯　Sophocles
紐曼　John Henry Newman
納爾遜　Horatio Nelson
茱麗安娜克魯　Juliana Crewe
起拱點　spring
退場讚美詩　Recessional
迴廊　cloister
針葉狀　stiff-leaf
馬爾菲的女公爵　Duchess of Malfi
高窗　clerestory
高壇拱門　chancel arch

十一畫

偉特　James Wyatt
側廊　aisle
勒舒爾　Hubert Le Sueur
曼斯菲爾德伯爵　Lord Mansfield
唱詩席　choir
唯一神教派　Unitarian
國宴廳　Banqueting House
國會街　parliament street
基督大教堂　Christ Church Cathedral
培利　Sir Charles Hubert Hastings Parry
培根（雕刻家）　John Bacon
寇特　Mzximilian Colt
康波　Ninian Comper
康度伊　John Conduitt
康格里夫　William Congreve
康普　Ninian Comper
康登　William Camden
強生　Ben Jonson
教士會議廳　chapter house

梅迪奇禮拜堂 Medici Chapel
梅傑 John Major
清教徒 Puritan
畢頓 Cecil Beaton
「祭司撒督」 zadok the priest
祭壇 altar
祭壇屏風 altarpiece
祭壇屏幕 pulpitum
祭壇裝飾屏風 retable
莫里茲 Karl Philipp Moritz
莫理斯 William Morris
莫瑞 Gilbert Murray
荷斯 Francis Holles
荷塞 John Herschel
透納 William Turner
雪萊 Percy Bysshe Shelley
頂篷 canopy
麥考利 Thomas Babington MacAulay
麥克佛森 James Macpherson
麥凱 William Mckie

十二畫

凱爾文男爵 Lord Kelvin, William Thomson
勞斯 Henry Lawes
勞德 William Laud
博格因 John Burgoyne
喬叟 Geoffrey Chaucer
惠特比 Whitby
提康德羅加要塞 Ticonderoga
斯康宮 Scone Palace
斯賓賽 Edmund Spenser
普金 Augustus Welby Northmore Pugin
普萊爾 Matthew Prior
普賽爾 Henry Purcell
渥茲華斯（浪漫派詩人） William Wordsworth
渥茲華斯（誦禮司鐸） Christopher Wordsworth
湯姆生 J.J. Thomson
窗花格 tracery
華倫爵士 Sir Peter Warren
華特 James Watt
華勒 Edmund Waller
華盛頓國家大教堂 National Cathedral
華萊士 Alfred Russel Wallace
華爾波 Horace Walpole
華德 Ned Ward
華德斯坦 Zdenkonius Baron Waldstein
萊斯布瑞克 Michael Rysbrack
萊瑟比 William Lethaby
萊頓 Frederic Leighton
萊爾 Charles Lyell
貴婦瑪格麗特波佛 Lady Margaret Beaufort
費佛夏姆修道院 Faversham Abbey
開窗法 fenestration
開間 bay
集中式 centralised

馮塔納　Theodor Fontane

十三畫

圓柱　column
塔弗納　John Tavener
塔樓、角塔、角樓　turret
奧克雷　Charles E. Oakley
奧利佛　Laurence Oliver
〈奧茲曼迪亞斯〉　*Ozymandias*
奧德利希　Pietro Oderisi
奧德利柯斯　Odericus
愛丁堡城堡　Edinburgh Castle
愛爾琴伯爵　Lord Elgin
新堡公爵紀念碑　Newcastle monument
楔形拱石　voussoir
楊格　Alan Younger
楣石　lintel
溫克爾曼　Johann Winckelmann
溫徹斯特大教堂　Winchester Cathedral
瑟伯特　Sebert
瑟沃　Cannop Thirlwall
瑞丁修道院　Reading Abbey
瑞格　William Wragg
瑞德　Nicholas Read
聖公會高派教會　high church
聖巴索羅謬教堂　St Bartholomew the Great
聖史蒂芬教堂　St Stephen's
聖本篤會的聖彼得修院　The Benedictine Abbey of St Peter
聖母大殿／聖母瑪利亞大教堂　Santa Maria Maggiore
聖母禮拜堂　Lady Chapel
聖吉爾斯大教堂　St Giles's Cathedral
聖艾弗蒙　Charles de Saint-Évremond
聖海倫主教門教堂　St Helen Bishopgate
聖祠　shrine
聖馬丁教會　St Martin-in-the-Fields
聖骨櫃　feretory
聖殿　sanctuary
聖像破壞運動　iconoclasm
聖維他雷教堂　San Vitale
聖嬰節　Holy Innocents' Day
聖禮拜堂　Sanite-Chapelle
葛瑞斯漢爵士　Sir Thomas Gresham
葛羅特　George Grote
裝飾性立面　screen façade
裝飾嵌線　molding
裝飾葉片　stiff-leaf
詹姆士（作家）　Henry James
詹姆士（建築師）　John James
詹姆士黨人　Jacobite
路易斯堡　Louisburg
道丁男爵　Hugh Dowding
達特　John Dart
達爾文　Charles Darwin

雷內斯的亨利　Henry of Reynes
雷利爵士　Sir Walter Raleigh
雷恩　Christopher Wren
雷爾頓　David Railton
雷諾茲　Joshua Reynolds

十四畫

漢斯大教堂　Rheims Cathedral
《多福之國》　*Poly-Olbion: A Chronologic Description of Great Britain*
福克斯　Charles James Fox
福特　Ford Madox Ford
福雷特　John Flete
維利爾　George Villiers
蒙特邦席耶公爵　Duc de Montpensier
蓋伊　John Gay
蓋瑞克　David Garrick
誦禮司鐸　Canon
豪克斯摩爾　Nicholas Hawksmoor
豪威爾　James Howell
豪威爾斯　Herbert Howells
豪爾　Lord Howe（George Howe）
赫伯特　George Herbert
赫胥黎　Thomas Henry Huxley
齊塔　Zita of Austria

十五畫

墩柱　pier
寬街　Broad Street
德布蘭克　Joost de Blank
德柯佛利爵士　Sir Roger de Coverley
德萊頓　John Dryden
德雷頓　Michael Drayton
摩爾　Henry Moore
樞機主教費雪　Archbishop Fisher
樓座　gallery
樓廊（位在拱門與高窗之間的狹小走廊）　triforium
樂藍德　John Leland
歐文　Washington Irving
歐西安　Ossian
歐查德　William Orchard
歐菲爾德　Ann Oldfield
衛理教會中心教堂　Methodist Central Hall
衛斯理　John Wesley
衛斯瑪寇特　Richard Westmacott
《論出版自由》　*Areopagitica*
《論戲劇》　*Lectures on the Drama*
蔻普　Wendy Cope

十六畫

壁柱　pilaster
壁龕　nich
橫向拱圈　transverse arches
燈籠式塔樓　lantern-tower

盧昂大教堂　Rouen Cathedral
諾里奇大教堂　Norwich
諾森伯蘭　Northumberland
輻射風格　Rayonnant style
錢伯斯　William Chambers
錢楚　Francis Chantrey
錢農　Chips Channon
霍桑　Nathaniel Hawthorne
霍爾　John Holles
鮑斯威爾　James Boswell

十七畫

彌爾頓　John Milton
戴克人　Dyaks
戴克鮑爾　Stephen Dykes-Bower
環形殿　apses
環形殿（的）迴廊　ambulatory
總建築師　surveyor
總鐸　Dean
總鐸庭院　Dean's Yard
總鐸區　Deanery

翼殿　transept
薛佛爾爵士　Sir Clowdisley Shovell
薛斐爾　John Sheffield
講壇　pulpit
謝雷登　Richard Brinsley Sheridan
賽巴斯托普要塞　Sebastopol
隱蔽王宮　Privy Palace
韓德爾　George Frideric Handel

十八畫

禮拜堂　chapel
薩拉托加　Saratoga
薩默塞特公爵夫人　Duchess of Somerset
藍漢　Simon Langham
魏斯特　Admiral Temple-West（海軍上將）
魏斯特　Benjamin West

十九畫

瓊斯　Inigo Jones
羅威爾　James Russell Lowell
羅馬哈德良皇帝　Emperor Hadrian
羅斯金　John Ruskin
羅徹斯特教堂　Rochester

二十畫以上

懺悔者愛德華　King Edward the Confessor
繼承權法案　Acts of Submission
蘇格蘭之光　the Honours of Scotland
蘇格蘭文物局　Hisotric Scotland
蘇德蘭　Graham Sutherland
攝政時期　Regency
護國主　Lord Protector
鑲板　paneling
櫺條窗花格　bar tracery

貓頭鷹書房 425　　ISBN 978-986-120-494-9

西敏寺的故事

作　　者　簡金斯（Richard Jenkyns）
譯　　者　何修瑜
企畫選書　陳穎青
責任編輯　陳怡琳　陳詠瑜
協力編輯　榮芳杰　彭若涵
校　　對　魏秋綢
美術編輯　謝宜欣
封面設計　洪伊奇

總 編 輯　謝宜英
社　　長　陳穎青
出 版 者　貓頭鷹出版
發 行 人　涂玉雲
發　　行　英屬蓋曼群島商家庭傳媒股份有限公司城邦分公司
　　　　　104台北市民生東路二段141號2樓
劃撥帳號：19863813；戶名：書虫股份有限公司
購書服務信箱：service@readingclub.com.tw
購書服務專線：02-25007718~9（周一至周五上午09:30-12:00；下午13:30-17:00）
24小時傳真專線：02-25001990~1
香港發行所　城邦（香港）出版集團／電話：852-25086231／傳真：852-25789337
馬新發行所　城邦（馬新）出版集團／電話：603-90563833／傳真：603-90562833
印 製 廠　成陽印刷股份有限公司
初　　版　2011年10月

定　　價　新台幣280元／港幣94元

讀者意見信箱　owl @cph.com.tw
貓頭鷹知識網　http://www.owls.tw
歡迎上網訂購；
大量團購請洽專線(02) 2500-7696轉2729

城邦讀書花園
www.cite.com.tw

國家圖書館出版品預行編目(CIP)資料

西敏寺的故事／簡金斯（Richard Jenkyns）著；
何修瑜譯. -- 初版.-- 臺北市：貓頭鷹出版：
家庭傳媒城邦分公司發行, 2011.10
面；　公分. --（貓頭鷹書房；425）
譯自：Westminster Abbey
ISBN 978-986-120-494-9（平裝）

1. 西敏寺 2. 教堂 3. 歷史 4. 英國

248.41　　99024277

你喜歡貓頭鷹出版的書嗎？

請填好下邊的讀者服務卡寄回，

你就可以成爲我們的貴賓讀者，

優先享受各種優惠禮遇。

▶請沿虛線剪下對摺，填妥寄回即可，免貼郵票

貓頭鷹讀者服務卡

謝謝您講買：＿＿＿＿＿＿＿＿＿＿＿＿＿＿＿＿＿＿（請填書名）

為提供更多資訊與服務，請您詳填本卡、直接投郵（免貼郵票），我們將不定期傳達最新訊息給您，並將您的建議做為修正與進步的動力！

姓名：＿＿＿＿＿＿＿＿ □先生 □小姐　民國＿＿＿年生　□單身　□已婚

郵件地址：□□□ ＿＿＿＿＿縣市＿＿＿＿＿鄉鎮市區＿＿＿＿＿＿＿＿

聯絡電話：公（0　）＿＿＿＿＿＿　宅（0　）＿＿＿＿＿＿　手機＿＿＿＿＿＿

■您的E-mail address：＿＿＿＿＿＿＿＿＿＿＿＿＿＿

■您對本書或本社的意見：

您可以直接上貓頭鷹知識網（http://www.owls.tw）瀏覽貓頭鷹全書目，加入成為讀者並可查詢豐富的補充資料。

歡迎訂閱電子報，可以收到最新書訊與有趣實用的內容。大量團購請洽專線 (02) 2500-7696轉2729。

歡迎投稿！請註明貓頭鷹編輯部收。

廣	告	回	信
台灣北區郵政管理局登記證			
台北廣字第000791號			
免	貼	郵	票

104

台北市民生東路二段141號5樓

英屬蓋曼群島商家庭傳媒（股）城邦分公司

貓頭鷹出版社　　收